산은 산 물은 물
-성철불교에 대한 검토

산은 산
물은 물

― 성철불교에 대한 검토

펴내는 글

서명원(서강대 종교연구소 소장, 서강대 종교학과 교수)

　마흔이 되어 일상생활이 사실 수행터가 될 수 있다는 것을 알기 전까지, 저는 수행은 입산을 해서 하는 것이라고 생각했습니다. 마침 그때 저는 가톨릭 사제로서 한국불교에 더 심층적으로 다가가던 중이었습니다.

　불교의 출발점은 인생고해. 인생은 고통바다입니다. 사성제의 첫 번째는 고제입니다. 그렇듯 사람이라면 인생이 고통스럽지 않다고 이야기할 수 없습니다. 남녀노소, 동서양을 막론하고 고통을 체험합니다. 생로병사의 이치 안에서 살고 있고 이러한 현실을 벗어나서는 살 수는 없습니다. 벗어나는 것은 생사해탈의 경지라고 함에도 불구하고 유여열반이라고 하면 죽을 때까지 고통스러워해야 합니다. 석가세존께서 돌아가실 때 상한 음식을 드시고 복통에 걸려 설사하시면서 결국 세상을 떠나셨습니다. 이게 유여열반입니다. 깨달은 분이라 할지라도 끝까지 고통 속에서 살다시피 하셨습니다. 물론 고(苦)를 어떻게 체험하셨는지, 어떻게 인식하셨는지 의문입니다. 우리는 시공의 제약 속에서 살아야 하고 결국 사후세계관을 궁금히 여길 수밖에 없습니다. 사후세계관이 뚜렷해지면 뚜렷해

질수록 자기 자신이 머물고 있는 곳 어디에서나 수행이 더 잘될 수 있지 않을까 하는 생각이 듭니다.

20세기 한국 불교가 배출한 불세출의 선승이라는 수식어가 사족이 될 정도인 성철스님은 불자들뿐 아니라 종교생활을 하지 않는 사람들까지도 존경하는 선(禪) 수행자입니다. 1980년대 후반부터 성철스님의 저서들이 본격적으로 출간되었고, 입적하던 1993년 이후부터는 선양사업 차원에서의 선(禪)사상 연구가 꾸준히 이루어졌습니다.

서강대 종교연구소에서도 지난 2016년에 '일상생활과 수행은 하나(生修不二)!'라는 주제에 관한 작은 학술대회를 개최했습니다. 학술대회를 마치고 보니 '성철불교'에 관하여 집중적으로 탐색해보는 뜻깊은 자리였다고 할 수 있습니다. 이번에 출간되는 『산은 산 물은 물 — 성철불교에 대한 검토』는 그때 그 자리에 떨어진 씨앗 몇 알이 싹을 틔워 맺게 된 한 그루 나무라고 할 수 있겠습니다.

출가 후 산에만 머물면서 철저한 수행생활을 했던 산승으로서의 성철스님에 관해서 다각도로 조명하고 있는 네 편의 글이 한 권에 실려 세상에 나옴으로써 그간 이루어진 성철불교에 관한 담론이 더욱 깊이 있게 영글고, 연구의 스펙트럼 또한 넓힐 수 있기를 희망합니다.

2004년에 「퇴옹성철 선사의 생애 및 전서」로 박사학위를 취득한 저는 이번에 펴내는 『산은 산 물은 물 — 성철불교에 대한 검토』가 독자들과 만날 즈음 서강대 종교학과 교수로서의 소임을 마치게 됩니다. 그리고 2016년에 경기도 여주 산골에 설립한 사단법인 도전돌밭공동체로 들어가 불교와 그리스도교의 만남을 위한 국제적인 차원의 터전을 닦는 생활을 하고 있을 것입니다.

이 책을 위해 마지막까지 글을 고쳐주신 이병욱·조명제 교수, 그리고 진관스님께 다시 한 번 깊은 감사 인사를 드립니다.

2019년 2월 28일

차 례

002 • 펴내는 글 서명원

007 • 권두언 최병헌

CHAPTER 1

011 • 성철사상의 두 가지 측면
수행과 실천에 관한 상반된 두 가지 입장
이병욱(고려대학교 강사)

CHAPTER 2

051 • 성철의 불교관과 일본 근대불교학
조명제(신라대학교 교수)

CHAPTER 3

087 • 성철의 불교정화운동 침묵에 대한 고찰
진관스님(동방문화대학원대학교 연구교수)

CHAPTER 4

133 • 선사 퇴옹성철의 유산
(The Legacy of Sŏn Master T'oeong Sŏngch'ŏl):
한국돈점논쟁의 정치적 배경에 대한 숙고
서명원(서강대학교 교수)

204 • 찾아보기

권두언

최병헌(서울대 국사학과 명예교수)

'산은 산 물은 물'이라는 성철스님이 처음 사용한 법어가 아님에도 불구하고 많은 사람에게 그분을 대표하는 상징처럼 회자된다. 이 게송을 표제로 사용한 이 책은 성철불교에 대한 논의로 이루어져 있으므로 '성철불교에 대한 검토'라는 부제를 붙이게 되었다.

조명제 교수의 글에서 (서명원 교수의 논문과 관련한) 박태원 교수의 논문이 지적되기도 하였지만, 사실 우리 학계의 연구경향은 지나치게 호교적인 쪽으로 치우쳤고, 민족주의적인 경향도 강하다. 그래서 때로는 사실을 사실대로 정확하게 이해하지 못하는 고질적인 폐단을 가져온 것이 사실이다. 이러한 폐단은 현재까지도 제대로 극복되지 못하였다고 생각한다.

그런 점에서 이 책의 발간은 한국 불교의 대표적인 선승으로 널리 존경받고 추앙되어 온 성철의 불교를 연구대상으로 삼고, 나아가 비판의 대상으로 삼을 수 있는 것 자체만 해도 대단히 획기적인 사건이라고 말할 수 있다. 그동안 우리

나라에서 근현대불교사 연구는 주로 인물 중심으로 이뤄져 왔다. 특정 선승의 문중이나 관련 사찰에서 연구를 주관하게 되면서 거의 선양사업으로 흐르는 경향이 대세를 이루어 왔다는 지적을 피하기는 어려울 것으로 보인다. 저도 학자이지만, 관련 학자들이 이러한 자리에 초대되면 주최 측의 분위기에 맞추어 선양하는 내용으로 일관하는 경향에서 벗어났다고 이야기하기는 어렵다.

어떻게 보면 비판이 금기시되었다고 이야기해도 될 것 같은 연구풍토는 문중이나 관련 사찰에서 주관하는 학술대회뿐 아니라 우리 불교계나 학계의 일반적인 실정이라고 할 수 있다. 그런 점에서 오늘 성철불교에 대한 논의가 여러 가지 측면에서 자유스럽게 다루어지고 있는 자체만으로도 상당한 의미가 있는 책이 아닌가 싶다.

비판과 비난은 전혀 다르다. 이 책에는 성철을 비난하거나 성철의 불교를 깎아 내리고자 하는 의도가 전혀 없다. 비판은 거짓을 가려내고 진실을 드러내려는 것이다. 거짓에 대한 비판은 학문의 생명이며, '파사현정'이라는 불교의 근본정신에도 부합되는 것이다. 더욱이 근대 학문은 비판정신에 의해 성립된 것이며, 비판정신이 결여돼 있다면 진정한 의미에서는 학문이라고 보기 어렵다. 우리가 비판적인 내용들을 받아들이고 또 자유롭게 논의할 수 있는 기회를 확대하는 데 이 책이 하나의 선례가 될 수 있지 않을까 생각한다.

성철불교는 워낙 위상이 높고 영향이 크기 때문에 한국 불교가 앞으로 발전하고 나아가 현대불교에 대한 연구의 역사가 앞으로 진전되기 위해서는 언젠가 한번은 확실히 짚고 넘어가지 않을 수 없는 그런 연구대상이다.

그런데 지금까지는 비판적인 시각에서 연구대상으로 삼겠다고 선뜻 나서지 못하고 꺼리는 상황이었다고 지적하지 않을 수 없다. 거의 대부분이 찬양 일변도의 이야기를 거들어 주는 것이 학문연구인 양, 학술발표인 양 착각하는 것이 현실에서 비일비재하기 때문이다. 근현대 불교사 연구의 풍토가 이러하기 때문에 이 책의 토대가 된 학술대회와 발표 원고를 단행본 원고를 정리한 출판은 그러한 금기를 깼다는 점 하나만으로도 의미가 있지 않을까 싶다.

또한 여기에 실린 논문들은 앞으로도 계속 더 논의되고 검증되어야 할 과제라고 생각한다. 여기서 제기된 내용이 곧바로 정답이 될 수는 없다. 앞으로 더 많은 논의가 진행되고 재삼 검증을 통해 내용이 걸러지면서 오래지 않아 성철

권두언

의 본래의 참모습과 그의 불교의 본뜻이 제대로 드러나는 날이 올 것이라고 기대한다. 이런 점에서 일련의 새로운 학술적 풍토를 기획한 서명원 신부의 의도를 여러분 모두가 이해할 수 있고, 나아가 상당한 의미가 있는 것으로 받아들일 수 있지 않을까 싶다.

2019년 2월 28일

이 권두언은
최병헌 명예교수의 총평 말머리를
녹취하여 편집한 글입니다.

CHAPTER

성철사상의 두 가지 측면
―수행과 실천에 관한 상반된 두 가지 입장

글 이병욱 (고려대학교 강사)

성철사상의 두 가지 측면
―수행과 실천에 관한 상반된 두 가지 입장

서론

퇴옹성철(退翁性徹, 1912~1993)은 1936년에 경남 해인사에서 출가하였고, 1940년에 대구 팔공산 자락의 동화사 금당에서 깨달음을 얻었다. 1947년에 성철은 봉암사결사를 주도하였고, 1955년에는 대구 팔공산 성전암에 들어가서 절문 밖을 전혀 나오지 않았다. 1967년에 해인총림 초대방장으로 취임하고, 그 해 겨울 해인사에서 유명한 '백일법문(百日法門)'을 하였다. 그는 1981년 대한불교조계종 종정으로 추대되었다. 그의 주요 저술로는『한국불교의 법맥』(1976),『선문정로』(1981),『백일법문 상, 하』(1992)가 있고, 그의 법어집으로『자기를 바로 봅시다』(1987),『영원한 자유』(1988) 등이 있다. 그 밖에『신심명·증도가 강설』(1986),『돈오입도요문론 강설』(1986),『돈황본 육조단경』(1988),『본지풍광』(1982) 등이 있다.

성철의 시자를 했던 원소는 성철의 생활에 대해 다음과 같이 전한다. 성철은 새벽 2시쯤에 일어나서 3시에 백팔참회를 하고 정해진 시간에 무염식(無鹽食)으로 소량의 공양을 들었다. 물론 간식은 조금도 하지 않았다. 하루 두 번 산책하고 채소밭과 정원수를 돌보고, 3000배를 마친 신도와 공부 점검받으러 오는 스님들을 접견하는 시간 외에는 밤 10시까지 하루 종일 참선과 독서로 소일했다. 그리고 성철은 제자들에게 "수행자는 절대 게을러서는 안 된다. 시간을 자기의 생명처럼 여기고 아껴 써라." 하고 늘 당부하였다. 그리고 성철은 승려는 신도들이 갖다주는 시주물로 살아가니 언제나 검소하고 절약하며 살라고 강조하였다. 성철은 스스로도 평생 회색 광목옷만 입었고 양말과 내복도 손수 기워 입었다. 겉에 입는 누더기 두 벌은 50년 이상을 기워 입은 것이다. 상좌들의 성화에 못 이겨 일반 화장지를 쓰기 전까지는 시장에서 멸치 싸는 재생지를 화장지로 사용했다. 성철이 거처하는 방도 아주 검소해서 3평 정도의 옹색한 방에 석굴암 부처님 사진 한 장과 경상(經床), 좌복 외에 화분이나 그림 하나 없었다. 성철이 백련암에 주석할 때는 암자 전체에 단청을 못하게 하였다. 성철은 상좌를 둔 이후에는 돈을 전혀 만지지 않았고 관심도 두지 않았다. 백련암에는 불전함조차 없었다.[1]

또 원소에 따르면, 성철은 일상생활이 한 점도 흐트러짐 없이 그야말로 철저히 사는 사람이었다. 그래서 성철은 행자에게 모든 일에 철저함을 강요하였다. 성철의 시자를 했던 원소도 성철에게 여러 번 야단을 맞았다고 한다. 시자를 했던 원소는 전날 울력을 많이 하였던 탓에 피곤이 겹쳐 새벽 예불을 두 번이나 빠졌다가 물벼락을 맞은 일도 있었고, 감자를 두껍게 깎다가 신도들이 갖다주는 시주물을 소중히 다루지 않는다고 혼나기도 하였다고 한다.[2]

또 성철은 대한불교조계종과 한국불교태고종으로 분리되는 불교정화운동에 동의하지 않았다. 성철은 진정한 종교개혁은 수행에 따른 수행자의 위상에서 찾아야지, 힘으로 밀고 들어가 뺏고 빼앗기는 싸움은 새로운 도적이 들어가 묵은 도적을 쫓아내는 것과 다를 게 없다고 하였다. 이러한 견해로 인해, 훗날 '정

---

1. 원소, 「다시 없을 스승을 그리며」, 법전 외 지음, 『가야산 호랑이를 만나다』(서울: 아름다 운 인연), 136~137쪽.
2. 원소, 위의 책, 133~134쪽.

화불사의 완성자'로 불리게 된다. 그렇지만 당시로는 쉽지 않은 결단이었다. 종단의 노장승려들이 모두 나서서 회유하고 권유하고 설득했지만, 성철은 동의하지 않았다. 성철은 해인사 주지를 맡으라는 간곡한 청을 뿌리치고 팔공산 성전암으로 거처를 옮겼다. 그리고 나서 성철은 성전암에 철조망을 둘러쳐서 사람들이 찾아오지 못하도록 하였다.[3]

게다가 성철은 스승 동산이 불교정화운동에 동참하라고 권하였지만, 그는 성전암에서 내려오지 않았고, 이 일로 인해 동산 문도 가운데 성철을 곱지 않은 시선으로 보는 사람들이 있었다.[4]

이 글에서는 이러한 삶을 살았던 성철의 사상 가운데 '수행과 실천'에 관한 부분을 검토하고자 한다. 성철은 화두를 참구하는 간화선을 주장하였는데, 화두의 의심을 타파하면 그대로 부처가 된다는 '돈오돈수(頓悟頓修)의 수행론'을 주장하였고, 이 입장에서 보조국사 지눌의 사상을 비판하였다. 그에 비해, 성철은 다른 지면에서 구체적 실천행으로 '남을 돕는 것', '원수를 부모님처럼 섬기는 것', '신심(信心)의 중요성'을 강조하였고, 나아가 '방편의 필요성'을 인정하고 있다. 성철이 '돈오돈수의 수행론'을 강조할 때에는 부처의 경계 이외에는 모두 삿된 지식이고 삿된 견해라고 비판하고 있지만, 다른 한편에서는 '남을 돕는 것', '원수를 부모님처럼 섬기는 것', '신심의 중요성'을 인정하고 나아가 '방편의 필요성'도 제시

---

3. 법전, 2006, 「돈오돈수, 800년 잠을 깨운 혜안이여!」, 법전 외 지음, 『가야산 호랑이를 만나다』(서울: 아름다운 인연), 38~39쪽.
4. 박경훈, 2006, 「나 거짓말쟁이다. 나한테 속지 말레이」, 법전 외 지음, 『가야산 호랑이를 만나다』(서울: 아름다운 인연), 98~99쪽.

하고 있다.

이 두 가지 입장은 서로 충돌된다. '돈오돈수'를 주장할 때는 부처의 경지가 아니면 모두 삿된 지식이고 삿된 견해라고 하였으므로, 부처의 경지에 이르기 이전 단계에서 수행자가 '남을 돕는 것' 등을 실천하는 것은 삿된 지식과 삿된 견해의 영역에 속할 것이다. 이 글에서는 성철이 제시한 '수행과 실천에 관한 주장'에서 서로 충돌하는 점이 있다는 것을 지적하고, 어떻게 계승해야 할지 검토하고자 한다.

글의 순서에 대해 간단히 언급하면, 먼저 성철의 '돈오돈수'의 주장에 대해 살펴보고, 다음으로 '돈오돈수' 이외의 실천에 관한 내용을 알아보며, 마지막으로 이 충돌되는 두 가지 입장을 어떻게 처리할 것인지에 관한 필자의 견해를 제시하고자 한다.

'돈오돈수'의 입장: 보조지눌의 사상에 대한 비판

견성의 정의

성철은 불교의 팔만대장경을 압축하면 마음 곧 '심(心)'에 있고, 이 심(心)을 파악하면 모든 가르침[萬法]을 통찰할 수 있고 과거·현재·미래의 모든 부처[三世諸佛]를 한 눈에 볼 수 있다고 주장한다. 그래서 성철은 '마음의 눈'을 뜨면 자기

의 본성, 즉 자성(自性)을 보는데 이것을 견성이라고 한다.[5]

그런데 성철은 견성은 구경각(究竟覺)에 해당하는 것이고, 또 견성은 바로 부처가 되는 것이라고 주장한다. 이것이 돈오돈수(頓悟頓修)이다. '돈오돈수'는 성품을 단박에 제대로 보면 더 이상 닦을 것이 없다는 것을 의미한다.

우선, 성철은 견성이 미세한 번뇌인 제8아뢰야식에 있는 근본무명(根本無明)까지 제거한 상태 곧 구경각(究竟覺)에 해당한다는 것을 다음과 같이 말한다.

> 보살이 수행을 하여서 마침내 십지(十地)와 등각(等覺)[6]을 넘어서서 가장 미세한 망상인 제8아뢰야식(阿賴耶識)의 근본무명(根本無明)까지 완전히 다 떨어져 버리면 진여(眞如)가 나타나지 않으려야 않을 수 없는데, 그것이 견성이고 구경각이라는 말입니다. 이것을 묘각(妙覺)이라고도 합니다.[7]

또한 성철은 위에서 말한 경지가 참다운 무심(無心)이고 부처의 경지라고 말한다.

> 저 미물인 곤충에서부터 시작해서 사람을 비롯하여 십지등각(十地等覺)

---

[5] 성철, 1987/2003, 「참선하는 법」, 『자기를 바로 봅시다』(합천: 장경각), 121쪽.
[6] 보살이 수행하는 단계는 십신(十信), 십주(十住), 십행(十行), 십회향(十廻向), 십지(十地), 등각(等覺), 묘각(妙覺)의 52단계이다. 앞의 51단계는 수행의 인(因)이고, '묘각'이 수행의 과(果), 곧 수행이 완성된 단계이다. 이러한 내용에 근거해서 성철이 말한 것이다.
[7] 성철, 1987/2003, 앞의 책(「참선하는 법」), 122쪽.

까지 모두가 중생입니다. 참다운 무심은 오직 제8 아뢰야 근본무명까지 완전히 끊은 구경각(究竟覺)이고, 즉 묘각(妙覺)만이 참다운 무심입니다. 이것을 부처님이라고 합니다.[8]

또 성철은 위에서 말한 무심(無心)의 경지가 견성이고 부처가 되는 것이라고도 말한다.

> 무심(無心)을 경(經)에서는 정혜(定慧)라고도 합니다. 정(定)이란 일체 망상이 모두 없어진 것을 말하고, 혜(慧)라는 것은 대지혜 광명이 나타나는 것을 말합니다. 그래서 정혜등지(定慧等持)를 부처님이라고 합니다. 이 무심을 완전히 성취하면 또 견성이라고 합니다. 성불인 동시에 열반인 것입니다.[9]

지눌의 돈오점수 비판

성철은 견성이 바로 부처가 되는 것이라고 하고, 견성을 하고 나서 성불이 되는 것, 곧 돈오점수(頓悟漸修)에 대해 비판하고 있다. '돈오점수'는 성품을 단박

---

8. 성철, 1987/2003, 「무심(無心)이 부처다」, 『자기를 바로 봅시다』(합천: 장경각), 199쪽.
9. 성철, 위의 책, 201~202쪽.

에 보고 난 다음에 남아 있는 번뇌를 점차로 닦아 제거해 나간다는 것이다. 이 견해가 옳지 않다고 성철은 주장한다.

> 이처럼 선(禪)과 교(敎)를 통해서 어느 점에서 보든지 간에 견성이 바로 성불(成佛)이며, 그것은 보살수행의 십지(十地)와 등각(等覺)을 넘어서 구경각을 얻어야 하는 것이라고 말하고 있습니다. 그런데 '십지'는 고사하고 삼현(三賢)도 아닌 단계, 비유하자면 층층대의 맨 꼭대기가 견성인데 그 첫째 계단에도 올라가지 못하고 견성했다고, 도통(道通)했다고 합니다. 그렇게 견성해서 다시 성불한다고 하니 대체 그 견성은 어떤 것인지, 이것이 요새 불교 믿는 사람의 큰 병통(病痛)입니다.[10]

그리고 나서 성철은 이러한 잘못된 병폐는 보조국사 지눌의 『수심결(修心訣)』에서 시작된다고 주장한다. 『수심결』에서 돈오점수(頓悟漸修)를 주장하는데, 그것은 자성을 깨치고 나서[頓悟] 오래 묵은 번뇌를 점차로 없애는 점수(漸修)를 말하고 있기 때문이다. 보조국사 지눌은 규봉종밀(圭峯宗蜜, 780~841)의 사상에 영향을 받았는데, 규봉종밀은 돈오(頓悟)를 교학의 이론을 아는 것을 의미하는 '해오(解悟)'로 파악하였다. 그런데 이것을 보조국사 지눌은 견성이라고 하고, 그의 저술 『절요사기(節要私記: 法集別行錄節要幷入私記)』에서 수행계위의 십신(十信)의 첫 단계[初]에 위치시켰다는 것이다. 성철의 보조국사 지눌에 대한

---

10. 성철, 앞의 책(「참선하는 법」), 124쪽.

비판은 다음과 같다.

> 그렇다면 이 병은 어디서 온 것인가 하면 보조스님이 지은 『수심결(修心訣)』에서 비롯됩니다. 거기에 돈오점수(頓悟漸修)라 하여 자성을 깨치는 것을 돈오라 하고, 돈오한 후에 오래 익힌 습기(習氣)를 없애는 점수(漸修)를 닦아야 한다고 하였고, 그 돈오한 위치가 보살의 수행 차제(次第)의 십신초(十信初)에 들어간다고 하였습니다. 보조스님은 중국의 규봉(圭峯)스님의 사상을 이어받아서 돈오점수를 주장했습니다만, 규봉스님은 '십신초'인 보살지를 돈오 즉 견성이라고 말하지 않았고, 또 그가 주장한 깨침이란 것은 단지 교학상의 이론을 아는 해오(解悟)를 말한 것에 불과한 것입니다. 그런데 보조스님은 한 걸음 더 나아가서 돈오를 견성이라 하면서 그 지위가 '십신초'라고 『절요(節要: 절요사기)』에서 말하고 있습니다.[11]

위의 내용은 『참선하는 법』에 소개된 것이고, 이는 성철이 보조국사 지눌을 비판한 내용을 간결하게 압축한 것이고, 더 자세한 내용은 그의 저술 『선문정로』에 나온다. 성철에 따르면, 『절요』의 끝부분에서 돈오점수를 소개한 다음에 경절문 곧 간화선 수행을 제시하고 있고, 지눌의 유고작 『간화결의론(看話決疑論)』에서는 간화선을 더욱 강조하고 있다고 한다. 그렇지만 『절요』와 『간화결의

---

11. 성철, 위의 책, 124~125쪽.

론』의 사상은 화엄선(華嚴禪)에 속하는 것이라고 성철은 판정한다. 그래서 성철은 지눌이 선문(禪門)의 본분종사(本分宗師)가 아니라고 비판한다.[12]

그런데 성철이 보조국사 지눌의 견해를 비판한 근거는 다음의 두 가지라고 판단된다. 첫째, 성철은 구경각을 성취해서 무심을 완전히 증득한 부처의 경지 이외에는 모두 삿된 지식이고 삿된 견해라고 주장한다. 성철의 주장을 알아본다.

> 이와 마찬가지로 망상 속에서는 모든 사리(事理), 모든 원리, 모든 진리를 바로 볼 수 없습니다. 망상이 눈을 가려서 바로 볼 수 없습니다. 모든 진리를 알려면 망상을 벗어나서 무심(無心)을 증(證)하기 이전에는 절대로 알 수 없습니다. 구경각(究竟覺)을 성취하여 무심(無心)을 완전히 증득한 부처님 경계 이외에는 전부 다 삿된 지식이요, 삿된 견해[邪知邪見]입니다. 대신에 모든 번뇌 망상을 완전히 떠나서 참다운 무심(無心)을 증득한 곳, 즉 먼지를 다 닦아낸 깨끗한 명경은 무엇이든지 바로 비추고 바로 알 수 있습니다. 이것을 정지정견(正知正見)이라고 합니다.[13]

---

12. 성철, 1983, 『선문정로』, 『산은 산 물은 물의 이성철 스님』(서울: 밀알), 365~370쪽. 그리고 성철, 1976/1990/2001, 『한국불교의 법맥(증보판)』(합천: 장경각), 201~205쪽, 247~248쪽에서 지눌의 『간화결의론』에 대해 더 자세히 비판하고 있다. 이 내용에 대한 비판은 이병욱, 2013, 「성철의 보조지눌 사상 비판의 정당성 검토」, 『보조사상』 38집(서울: 보조사상연구원), 20~30쪽을 참고하기 바람.
13. 성철, 1987/2003, 앞의 책(「무심(無心)이 부처다」), 205~206쪽.

둘째, 성철은 『백일법문 하권』에서 돈오돈수의 견성법 이외에 점차적인 공부나 수행은 방편이고, 이는 선종에 속하지 않고 교가(教家)에 속하는 것이고 삿된 종[邪宗]이라고 배척한다.[14]

정리하자면, 부처의 경지 이외에는 모두 삿된 지식이고 삿된 견해에 속하는 것이고, 또한 돈오돈수의 견성법 이외의 다른 수행은 선종이 아니라는 것이 성철이 보조국사 지눌의 사상을 비판한 근거이다. 성철은 첫째 근거(부처의 경지 이외에는 모든 삿된 지식이고 삿된 견해이다)에 근거해서 지눌의 『수심결』의 전체 내용과 『절요사기』의 일부 내용을 비판하고, 둘째 근거(돈오돈수의 견성법 이외의 다른 수행은 선종이 아니다)에 근거해서 『절요사기』의 일부 내용과 『간화경절문』의 내용을 비판하였다.

그런데 이러한 주장은 뒤에 성철의 제자들에 의해서 수정된다. 그것은 성철이 제시한 첫째 근거, 곧 부처의 경지 이외에는 모두 삿된 지식이고 삿된 견해라는 것은 수용하고, 둘째 근거, 곧 돈오돈수의 견성법 이외의 다른 수행은 선종이 아니라는 주장을 수용하지 않은 것으로 보인다. 그래서 성철의 제자들은 보조국사 지눌의 전체 사상을 비판하는 것이 아니고, 지눌의 저술 『수심결』의 전체 내용과 『절요』의 일부 내용을 비판하는 것으로 수정되었다.[15] 다시 말해서, 지눌의 저술 가운데 일부 내용을 비판하고 지눌의 전체 사상을 비판하지는 않는다. 이는 지눌의 사상 가운데 '돈오돈수의 간화선'을 말한 부분은 인정하고, 그렇지

---

14. 성철, 1992/2004, 『백일법문 하권』(합천: 장경각), 316쪽; 이병욱, 2006, 「합리성과 엄격성으로 바라본 성철의 사상」, 『퇴옹성철의 깨달음과 수행』(서울: 예문서원), 283~284쪽.
15. 성철, 1981/2006/2013, 『옛 거울을 부수고 오너라 ― 선문정로』(합천: 장경각), 309~310쪽.

않고 돈오점수의 수행을 말한 대목은 비판한 것이다.

또 성철의 이러한 입장은 다른 방편의 행위를 인정하지 않는 것으로 이어진다. 무심(無心)을 증득해야 바른 생활을 할 수 있고, 십지(十地)의 보살이나 등각(等覺)의 경지에 이른 인물도 바른 생활을 할 수 없다. 이것이 성철의 엄격한 입장이다. 이는 뒤의 3장에서 방편을 인정한 것과 서로 충돌된다. 성철은 다음과 같이 말한다.

> 그러므로 바른 행동이라 하는 것은 오직 참으로 무심(無心)을 증(證)해서 적광적조(寂光寂照)를 증하기 전에는 올바른 행동을 할 수 없습니다. …… 쉽게 말하자면 바른 생활을 하자는 것이 불교인데, 망상 속에서는 바른 생활을 할 수 없다 이 말입니다. 오직 무심(無心)을 증해야만 바른 생활을 할 수 있는 것입니다. 십지등각(十地等覺)도 봉사입니다. 왜냐, 부처님께서 항상 말씀하셨습니다. 십지등각이 저 해를 보는 것은 비단으로 눈을 가리고 해를 보는 것과 같아서, 비단이 아무리 엷어도 해를 못 보는 것은 보통의 중생과 똑같습니다. 그래서 십지등각이 사람을 지도하는 것도 봉사가 봉사를 이끄는 것과 마찬가지입니다. 사람을 바로 이끌려면 자기부터 눈을 바로 떠야 하고, 바로 알아, 바로 행동해야 합니다.[16]

---

16. 성철, 1987/2003, 앞의 책(「무심(無心)이 부처다」), 206~207쪽.

화두참구의 단계와 참선의 강조

그러면 화두를 공부해서 견성하는 단계는 어떠한가? 성철은 동정일여(動靜一如), 몽중일여(夢中一如), 숙면일여(熟眠一如)의 단계를 거쳐서 견성을 할 수 있다고 주장한다. '동정일여(動靜一如)'는 일상생활 속에서도 화두를 공부하는 것이 유지되는 경지이고, '몽중일여(夢中一如)'는 꿈에서도 화두를 공부하는 것이 유지되는 경지이며, '숙면일여(熟眠一如)'는 꿈도 없는 깊은 잠에서도 화두를 공부하는 것이 유지되는 경지이다. 이 경지를 지나서 비로소 견성을 할 수 있다는 것이다.

불교에서 수행하여 공부하는 단계를 보면, 첫째 동정일여(動靜一如) 즉 일상생활에서 가고 오고 할 때나, 가만히 있을 때나, 말을 하거나 안 하거나, 변함없이 공부가 되어야 합니다. 여여불변(如如不變)하여야 합니다. '동정일여'가 되어도 잠이 들어 꿈을 꾸면 공부는 없어지고 꿈속에서 딴 짓 하며 놀고 있는데, 꿈에서도 일여한 것을 몽중일여(夢中一如)라 합니다. '몽중일여'가 되어도 앞에서 말했듯이 잠이 깊이 들면 아무 것도 없습니다. 잠이 푹 들었을 때에도 여여(如如)한 것을 숙면일여(熟眠一如)라 합니다. '숙면일여'가 되어도 거기에 머물지 않고 더욱 나아가야 합니다. 백척간두(百尺竿頭)에서 한 걸음 더 나아가야 된다 말입니다. 그리하

여 깨쳐야만 그것이 실제 견성입니다.[17]

이러한 주장 이면에는 참선하는 것이 가장 뛰어난 수행방법이라는 성철의 생각이 깃들어 있다. 이러한 성철의 입장은 이어지는 두 번째 부분 「'돈오돈수'와는 구분되는 '다른 실천'에 관한 입장」에서 참선하는 방법 이외에 다른 수행을 인정하는 것과 서로 충돌한다. 그의 주장을 들어보자.

> 불교에서는 성불하는 방법이 여러 가지 있습니다. 관법(觀法)을 한다, 주력(呪力)을 한다, 경을 읽는다, 다라니를 외운다 등등 온갖 것이 다 있습니다. 그런 여러 가지 방법 가운데서 가장 확실하고 빠른 방법이 참선입니다. 견성성불하는 데에는 참선이 가장 수승한 방법입니다.[18]

'돈오돈수'와는 구분되는 '다른 실천'에 관한 입장

앞의 「'돈오돈수'의 입장: 보조지눌의 사상에 대한 비판」에서 살펴본 것처럼, 성철은 구경각을 얻기 전에는 모두 삿된 지식이고 삿된 견해이고, 구경각(究

---

17. 성철, 1987/2003, 앞의 책(「참선하는 법」), 126~127쪽. 그리고 비슷한 내용이 같은 책의 139쪽에도 있다.
18. 성철, 위의 책, 129쪽.

竟覺)을 얻어야 바른 생활을 할 수 있다고 주장한다. 그리고 성철은 화두를 참구하는 것이 '구경각'을 얻는 가장 뛰어난 길이라고 주장한다. 이러한 입장에 서면 다른 수행과 실천은 그 입지가 없게 될 것이다. 그렇지만 성철은 다른 지면에서 자신의 주장과 충돌되는 주장을 한다. 그것은 '남을 돕는 것'도 부처가 되는 길이고, '원수를 부모님처럼 섬기는 것'도 부처가 되는 길이라는 것이며, 또 성철은 '주체적 신심'을 강조하기도 하며, 나아가 '방편의 필요성'을 인정하기도 한다는 것이다. 이러한 실천(남을 돕는 것 등)은 '구경각'을 얻지 못한 상태에서 하는 한, 삿된 지식과 삿된 견해에 속하게 될 것이다. 그리고 '남을 돕는 것'과 '원수를 부모님처럼 섬기는 것'은 '자비의 마음'을 실천하는 영역에 속한다. 여기서는 이러한 내용에 대해 다음의 네 가지 항목으로 나누어서 접근하고자 한다.

마음의 눈을 여는 방법: 참선과 남을 돕는 것

성철은 '마음의 눈'을 여는 방법으로 참선(參禪)과 '남을 돕는 것'을 제시한다. 이러한 주장은 앞의 「돈오돈수'의 입장: 보조지눌의 사상에 대한 비판」에서 소개한 참선만이 가장 뛰어난 방법이라는 주장과 충돌한다.

① 참선에 대해서는 바로 앞의 '화두참구의 단계와 참선의 강조'에서 밝혔는데, 여기서도 성철은 마음의 눈을 뜨는 가장 빠르고 쉬운 방법이 참선, 곧 화두를 참구해서 깨치는 것이라고 주장한다. 그 내용은 다음과 같다.

그러면 어떻게 해야 거울의 때를 벗기고 우리가 마음의 눈을 뜰 수 있는가? 가장 쉬운 방법이며 빠른 방법이 참선(參禪)입니다. 화두(話頭)를 배워서 부지런히 부지런히 참구하는 것입니다. 그리하여 화두를 바로 깨칠 것 같으면 마음의 눈을 안 뜨려야 안 뜰 수 없습니다. 마음의 눈이 번쩍 뜨이고 맙니다.[19]

② 성철은 '화두를 참구하는 것' 이외에 '남을 돕는 것'도 '마음의 눈'을 뜨는 방법이라고 주장한다. 성철에 따르면, '마음의 눈'을 어둡게 하는 것은 탐욕[貪], 성냄[瞋], 어리석음[癡]의 삼독(三毒)이고, 그 가운데서도 근본이 되는 것은 탐욕인데, 이 탐욕은 '나'라는 것 때문에 생겼다고 한다.[20]

이런 관점에서 성철은 '남을 위하는 것', 곧 '남을 돕는 것'이 '마음의 눈'을 뜨는 것이라고 다음과 같이 말하고 있다.

> 설사 그렇게까지 극단적으로는 못 하더라도 우리의 생활방침은 어떻게 해서든지 남을 위하는 것이어야 합니다. 남을 위하는 이것이 참으로 나를 위하는 것인 줄을 알아야 합니다. 남을 위하는 것이 참으로 나를 위한 것이고, 나를 위해 욕심 부리는 것은 결국 나를 죽이는 것입니다. 남을 위해 자꾸 노력하면, 참으로 남을 돕는 생활을 할 것 같으면 결국에

---

19. 성철, 1987/2003,「내가 부처가 된 때」,『자기를 바로 봅시다』(합천: 장경각), 147~148쪽.
20. 성철, 위의 책, 148쪽.

는 마음의 눈을 떠서 청천백일(靑天白日)을 환히 볼 수 있는 것입니다. 그러니 어려운 것을 많이 할 것 없이 한 가지라도 남을 돕는 생활을 해보자는 것입니다.[21]

또한 성철은 이러한 취지의 내용을 다른 곳에서 신도들에게 설법하였다. 그것을 들은 한 신도가 다음과 같이 전한다. ·25 때 외아들을 잃어버린 한 보살의 이야기였다. 이 보살은 외아들을 찾기 위해 논밭을 판 돈을 싸들고 첩첩산중 고성 문수암을 찾아왔다. 스님(성철)은 아들을 찾는 방법을 가르쳐줄 터이니 시키는 대로 하겠느냐고 묻자 보살은 그렇게 하겠다고 대답하였다. 스님(성철)은 보살이 가지고 온 돈 뭉치를 한 푼도 절에 남겨놓지 말고, 하루 끼니가 곤란한 마을 주민에게 다 나누어주게 했다. 보살은 스님(성철)이 시킨 대로 돈을 다 나누어주고 온 정성을 다해 부처님께 공양하고 3000배를 했고 결국 그 아들을 찾았다고 한다."[22]

그런데 성철은 「내가 부처가 된 때」의 끝부분에서 앞에서 말한 내용을 다시 정리하고 있는데, 그 정리한 내용에는 조금의 관점의 변화가 있다. 그것은 마음 속으로 화두를 공부하고 행동은 남을 돕는 일을 꾸준히 하라는 것이다.

그렇다면 마음의 눈을 뜨는 방법은 무엇인가? 화두를 부지런히 참구해

---

[21]. 성철, 위의 책, 155쪽.
[22]. 남자비심, 2006, 「하면 할수록 힘이 솟는 기도」, 법전 외 지음, 『가야산 호랑이를 만나다』(서울: 아름다운 인연), 158쪽.

서 깨치든지 아니면 남을 돕는 생활을 해야 합니다. 떡장사를 하든, 술
장사를 하든, 고기장사를 하든 무엇을 하는 사람이든지 화두를 배워서
마음속으로 화두만 하면 되는 것입니다. 그러니 마음속으로 화두를 하
고 행동은 남을 돕는 일을 꾸준히 할 것 같으면 어느 날엔가는 마음눈
이 번갯불같이 번쩍 뜨여서, 그 때에야 부처님께서 말씀하신 무량 아승
지겁 전부터 본래 부처이고 본래 불국토에 살고 있다는 그 말씀을 확실
히 알게 되는 것입니다.[23]

위 인용문에서는 '마음의 눈'을 뜨는 방법으로 '화두를 참구하는 것'과 '남을 돕는 것'을 제시하고, 이 둘을 통합해서 마음속으로는 화두를 참구하고 행동은 남을 돕는 것을 제시하고 있다. 그러나 성철이 이런 식으로 정리하였지만, 이 내용이 제시된 「내가 부처가 된 때」의 전반적인 흐름을 고찰해보면, '마음의 눈'을 뜨는 방법으로 '화두를 참구하는 것'과 '남을 돕는 것'은 두 개의 별개의 영역이라고 판단된다. 물론 사람에 따라서 이 두 가지 길을 다 함께 닦을 수도 있겠지만, 전반적인 내용은 '마음의 눈'을 뜨는 데에 두 가지 길이 있다는 것이지, 이 두 가지를 함께 닦아야 '마음의 눈'을 뜬다는 것은 아니다. 따라서 필자는 「내가 부처가 된 때」의 마지막에 성철이 종합한 견해를 수용하지 않는다.

그리고 마음의 눈을 뜨는 방법으로서 '남을 돕는 것'은 성철이 불교계를 비판적으로 바라보는 근거가 된다. 그것은 승려와 신도의 생활방식이 남을 돕는

---

23. 성철, 1987/2003, 앞의 책(「내가 부처가 된 때」), 156~157쪽.

쪽으로 전환되어야 한다는 것이다.

> 우리 불교가 앞으로 바른 길로 서려면 승려도 신도도 모두 생활방향이 어느 곳으로 가야 하느냐 하면 남을 돕는 데로 완전히 돌려져야 합니다. 승려가 예전같이 산중에 앉아서 뒷쌀이나 돈푼이나 가지고 와서 불공해 달라고 하면 그걸 놓고 똑딱거리면서 복 주라고 빌고 하는 그런 생활을 그대로 계속하다가는 불교는 앞으로 영원히 사라지고 맙니다. 절에 다니는 신도 역시 그렇습니다. 남이야 죽든 말든 전혀 상관없이 살다가 내 자식은 어디가 조금만 아파도 쌀 한두 되 짊어지고 절에 와서는 "아이고, 부처님, 우리 자식 얼른 낫게 해주십시오" 하는 이런 식의 사고방식을 가져서는 참된 부처님의 제자가 아닙니다. 승려도 신도도 부처님 제자가 아닙니다. 이렇게 해서는 아무 발전이 없습니다. 산중에 갇혀서 결국에는 아주 망해 버리고 맙니다.[24]

위의 내용처럼, 승려와 신도가 남을 도울 것을 강조하면서, 성철은 승려의 교육도 아울러 강조하고 있다.

> 우리 불교에서도 승려를 자꾸 교육시켜야 합니다. 자기도 모르는데 어떻게 포교하며 또 어떻게 남을 지도하겠습니까? 그래서 어떻게 해서든, 나중에는 법당의 기왓장을 벗겨 팔아서라도 '승려들을 교육시키자' 하는

---

24. 성철, 위의 책(「내가 부처가 된 때」), 155~156쪽.

것이 내 근본생각입니다. 이것은 앞으로 종단적인 차원에서 꼭 해야 할 것입니다.[25] (중앙승가대가 1999년에 교육부의 정식인가를 받은 대학이 되었다)

③ 성철은 이처럼 '남을 돕는다'는 것을 강조하기 위해 기존의 불공(佛供)에 대해 비판하고 '새로운 불공'의 개념을 제시한다. 그것은 불공이 '남을 돕는 것'이라는 것이다.

'기존의 불공'은 우리 부처님이 영험하여 명(命)도 주고 복(福)도 주고 하니, 우리 부처님에게 명(命)도 받고 복(福)도 받기 위해서 물질적 가치를 사찰에 주는 것이라고 한다.[26] 그리고 '참다운 불공'은 남을 도와주는 것이라고 한다. 그리고 이러한 '불공'을 실천할 때 불교가 살아날 것이라고 한다.

> 내가 생각할 때는 절에 사는 우리 승려들이 목탁 치고 부처님 앞에서 신도들 명(命)과 복(福)을 빌어 주는 이것이 불공이 아니며, 남을 도와주는 것만이 참 불공이라는 것을 깊이 이해하고 이를 실천할 때, 그 때 비로소 우리 불교에도 새싹이 돋아날 것입니다.[27]

박경훈도 성철이 '정한 불공'은 마을에 내려가 가난한 사람들에게 밥과 옷을

---

25. 성철, 위의 책(「내가 부처가 된 때」), 156쪽.
26. 성철, 1987/2003, 「광수공양(廣修供養)」, 『자기를 바로 봅시다』(합천: 장경각), 103쪽.
27. 성철, 위의 책(「광수공양(廣修供養)」), 114쪽.

주는 것이라고 하고, 절(사찰)은 참회하는 절을 하는 곳이라고 하였다고 전한다.[28]

그리고 성철은 불교의 자비는 '남을 돕는 것'이고, '사회적으로 봉사하는 것'이라고 하면서 오늘날 승려는 봉사정신이 약하다고 지적한다.

> 불교의 자비란 자기를 위한 것이 아니고 남에게 베푸는 것인데, 참으로 자비심으로 승려노릇 하는 사람이 얼마나 됩니까. 남 돕는 사람이 얼마나 되느냐가 문제일 것입니다. '자비'란, 요즘 말로 표현하자면 사회적으로 봉사하는 것입니다. 그럼에도 불구하고 아마도 승려가 봉사정신이 가장 약하리라 봅니다. 예수교인들은 진실로 봉사활동을 많이 하고 있습니다.[29]

그런데 성철이 '불공'은 남을 돕는 것이고 절에서 목탁 두드리는 것이 아니라고 설법을 한 적이 있었다고 하는데, 이 일로 인해 대한불교조계종의 경남의= 소재 종무원과 서울 소재 총무원에서 긴급회의를 하고 다시 그러한 말을 하지 말아달라고 요구했다는 것이다. 그 자세한 내용은 다음과 같다.

> 경남 종무원에서 긴급회의를 했다는 것입니다. "절에서 하는 것은 불공

---

28. 박경훈, 2006, 앞의 책, 91~92쪽.
29. 성철, 1987/2003, 앞의 책(「광수공양(廣修供養)」), 114쪽.

이 아니고, 절은 불공하는 것을 가르쳐주는 곳이라 하고, 불공이란 남을 돕는 것이라 했으니 결국 이것은 절에 돈을 갖다 주지 말라는 말인데, 그러면 우리 중들은 모두 굶어죽으라는 소리냐. 그 말을 한 중을 어디로 쫓아 버려야 한다고 야단들이니 앞으로 다시는 그런 소리 하지 말아달라"는 것입니다. 조금 있으니 서울에서도 누가 내려왔습니다. 서울의 총무원에서 똑같은 내용의 회의를 했다는 것입니다.[30]

이러한 요구에 대해 성철은 단호하게 뿌리치고 있다.

그럼 어떻게 말할까? 당신들 뜻대로 하자면 부처님께서 영험하고 도력 있으니 누구든지 돈 많이 갖다 놓으면 갖다 놓을수록 복 많이 온다고, 절에 돈벌이 많이 되는 말만 해서 자꾸 절 선전할까? 당신도 천년, 만년 살 것 같아? 언제 죽어도 죽는 건 꼭 같아. 부처님 말씀 전하다 설사 맞아죽는다고 한들 무엇이 원통할까? 그런 영광이지! 천하의 어떤 사람이 무슨 소리를 해도 나는 부처님 말씀 그대로를 전한 것뿐 딴소리는 할 수 없으니, 그런 걱정하지 말고 당신이나 잘 하시오![31]

---

30. 성철, 위의 책(「광수공양(廣修供養)」), 112쪽.
31. 성철, 위의 책(「광수공양(廣修供養)」), 112~113쪽.

원수를 부모님처럼 섬긴다[32]

성철은 모든 중생을 부처와 같이 공경하고, 나아가 원수를 부모와 같이 섬기는 것이 불교의 근본정신이라고 주장한다. 그런데 앞의 내용, 곧 「'돈오돈수'의 입장: 보조지눌의 사상에 대한 비판」에서처럼, 구경각을 얻기 전에는 바른 생활을 할 수 없다고 한다면, '원수를 부모님처럼 섬긴다'는 주장도 의미 없는 것이 될 것이다. 이 내용에 관한 인용문은 다음과 같다.

> 이것이 불교의 근본정신입니다. 부처님이 말씀하신 "원수를 보되 부모와 같이 섬긴다"는 이것이 우리의 생활, 행동, 공부하는 근본지침이 되어야 하겠습니다. 우리 불교에 들어오는 첫째 지침은 "모든 중생을 부처님과 같이 공경하고 스승과 같이 섬겨라"입니다. 우리 불교를 행하는 사람은 누구든지 착한 사람, 나쁜 사람은 물론 소나 돼지나 짐승까지도 근본자성은 성불하신 부처님과 조금도 다르지 않다는 것을 알고 부처님과 같이 존경을 해야 합니다.[33]

그리고 성철은 원수를 부모와 같이 섬기면 그 때 모든 번뇌 망상과 모든 중

---

[32]. 성철,「사람이면 '사람'을 찾아야지」,『자기를 바로 봅시다』(합천: 장경각), 339~349쪽에서는 남을 돕는다는 '불공'과 '원수를 부모님처럼 섬긴다'는 내용을 하나로 묶어서 말하고 있는데, 여기서는 「부처님 같이 존경하라」,『자기를 바로 봅시다』(합천: 장경각)의 내용에 근거해서 '남을 돕는 것'과 '원수를 부모님처럼 섬긴다'를 구분하였다.

[33]. 성철, 1987/2003,「부처님 같이 존경하라」,『자기를 바로 봅시다』(합천: 장경각), 239쪽.

생의 병이 사라질 수 있다고 주장한다. 이것은 일상생활에서 실천하는 '불교의 수행'에 해당한다.

> 부처님께서도 그렇게 말씀하셨습니다. 원수를 부모와 같이 섬기게 되면 일체 번뇌 망상과 일체 중생의 병은 다 없어진다고 말입니다. 중생의 모든 병이 다 없어지면, 그것이 부처입니다. 그렇게 해서 성불하는 것입니다. 우리가 성불을 목표로 하고 사느니만큼 부처님 말씀을 표준삼아서 그렇게 살아가야 합니다. 그때그때 자기감정에 치우쳐 살려고 하면 곤란합니다.[34]

또한 이처럼 원수를 부모와 같이 섬기는 것은 '종교다원주의'를 실천하는 길이기도 하다. 한국에서 기독교의 개신교와 불교의 대립구도가 갈수록 치열해지고 있는데, 성철은 예수교를 믿고 불교에 대해 부정적인 행동을 하는 사람에게도 기도하고 축원해야 한다고 주장한다.

> 한편으로는 또 이런 의심도 할 수 있을 것입니다. "예수교에서는 치고 들어오는데 자꾸 절만 하고 있으면 불교는 어떻게 되나? 상대가 한번 소리 지르면 우리는 열 번 소리 질러야 겁나서 도망할 텐데, 가만히 있다가는 불교는 씨도 안 남겠다. 자! 일어나자." 그렇게도 생각할 수 있겠지만 그

---

34. 성철, 위의 책(「부처님 같이 존경하라」), 244쪽.

것은 잘못된 것입니다. 그럴수록 자꾸 절하고, 그런 사람을 위해서 기도하고 축원하는, 그런 사상으로 모든 사람들에게 선전하고, 그런 사상으로 일상생활을 실천해 보십시오. 불교는 바닷물 밀듯 온 천하를 덮을 것입니다. 그것이 생활화되면 모든 사람이 감동하고 감복하여 '불교가 그런 것인가!' 하여 불교를 안 믿으려야 안 믿을 수 없게 될 것입니다.[35]

신심의 강조

성철은 「신심(信心)이 성지(聖地)다」에서 중국 보타락가산(寶陀洛迦山)의 조음동(潮音洞)에서 불교신도가 정성껏 기도하면 관세음보살이 나타난다고 말하고, 또한 중국의 오대산에서는 문수보살이 사자를 타고 나타나거나, 노인 또는 동자(童子)가 되어 나타난다고 말한다.[36] 그리고 나서 관세음보살과 문수보살이 '보타락가산'과 '오대산'에만 나타나는 것이 아니고 신심이 있는 사람이 기도하면 관세음보살과 문수보살은 어디에도 나타나고 그곳이 바로 '보타락가산'과 '오대산'이라고 한다. 여기서 성철은 신심(信心)을 강조하고 있다.

---

35. 성철, 위의 책(「부처님 같이 존경하라」), 244쪽.
36. 성철, 1987/2003, 「신심(信心)이 성지(聖地)다」, 『자기를 바로 봅시다』(합천: 장경각), 178~182쪽.

보타산(보타락가산)이 어느 곳이냐? 사람 사람의 신심이 보타산입니다. 철저한 신심으로 기도를 하면 어디든지 나타납니다. 관세음보살이 나타나는 곳이 보타산인 겁니다. 문수보살이 나타나는 곳이 오대산입니다. 오대산이 따로 없고 보타산이 따로 없습니다. [보타산과 오대산은] 사람마다 신심에 있습니다. 신심(信心)! 신심으로 공부도 기도도 하면, 누구든지 살아서 관음도 문수도 볼 수 있으며 산(살아있는) 부처님도 볼 수 있습니다. 신심으로 공부하고 기도할 뿐이지 다른 것은 아무것도 없습니다.[37]

위 인용문에서 말하고자 하는 것은 관세음보살과 문수보살을 친견하는 일 등이 성스러운 일이지만, 이는 신심에 근거하는 것이고, 신심이 있으면 장소에 구애받지 않고 모든 곳에서 관세음보살과 문수보살을 친견할 수 있다는 것이다. 따라서 위 인용문에서 성철은 관세음보살과 문수보살을 친견할 수 있는 외면적인 장소, 곧 종교의 성지가 의미 있는 것이 아니고, 종교인의 내면세계가 더 의미 있고 중요하다는 것을 말하고 있다. 이는 일상생활에서 신심을 가지고 성실히 살아가면 매순간 관세음보살과 문수보살을 친견할 수 있고, 동시에 그 곳이 성지가 된다는 것이다. 그런데 두 번째 부분인 「돈오돈수'의 입장: 보조지눌의 사상에 대한 비판」에서처럼 '구경각'을 얻기 전에는 모두 삿된 지식이고 삿된 견해라고 주장한다면, 이러한 신심도 의미가 없게 될 것이다.

---

37. 성철, 위의 책,「신심(信心)이 성지(聖地)다」, 183쪽.

방편의 필요성을 인정함

앞의 「돈오돈수'의 입장: 보조지눌의 사상에 대한 비판」에서 주장한 것처럼, 성철은 참선, 곧 화두를 참구하는 것이 가장 중요하다고 말하면서도 동시에 여기서는 방편을 말하고 있다. 그래서 자신의 역량에 따라 방편도 중요한 것이 된다고 한다. 그러면서 성철은 '방편의 정신'에 따라 어느 한 가지에 국한되어 집착해서는 안 되고, 어느 한 가지도 함부로 버려서는 안 된다고 한다. 이러한 주장은 앞의 「돈오돈수'의 입장: 보조지눌의 사상에 대한 비판」에서 밝히고 있듯이 '구경각'이 견성이라고 주장하면서 이 주장과 배치된 견해에 대해서 비판하는 것과는 서로 충돌된다. 그의 말을 들어보자.

> 내가 또 이렇게 말하니, "허, 그러면 다 필요 없네. 그 뭐 화엄, 법화도 필요 없고 조사어록도 필요 없다고 하는데, 그러면 그런 것 다 뭐 할 필요 있나. '이 뭐꼬?'만 하면서 앉아 있으면 안 되겠나?" 그야 물론 그렇습니다. 그리 하면 그만이지만, 그러나 아직 그리하지 못하는 사람에게는 유치원에서는 유치원 과정이 필요하고 초등학교에서는 그 수준에 맞는 과정이 필요하듯이, 모든 방편이 다 필요한 것입니다. 아직까지 유치원 자격밖에 안 되는 사람이 일초직입여래지(一超直入如來地)한다고 말만 그렇게 들었지 실제로는 그렇게 안 됩니다. 생각을 해보십시오. 조그만 돌도 하나 못 드는 어린애가 큰 바위를 들려고 한다든지 태산을 짊어지고 가려고 하면 되겠습니까. 안 된다, 이 말입니다.

이렇듯 자기 역량에 따라서 방편도 실(實)이 되고 실(實)도 방편이 되는 것이니, 우리가 모든 것에서 한 법에 국집(局執)해도 못쓰고 또 한 법이라도 함부로 버려도 안 됩니다. 사람사람이 그 정도에 따라서, 경우에 따라서 취할 것은 취하고 버릴 것은 버려야 합니다.

원 근본은 "부처도 초월하고 조사도 초월해서 불타와 조사 보기를 원수같이 보아야만 참으로 공부할 분(分: 자격)이 있다." 이 말입니다. 이것이 근본목표가 되어야 합니다. 그때서야 참으로 크게 눈을 뜨고 살불살조(殺佛殺祖)하는 그런 대출격장부(大出格丈夫)가 될 것입니다. 이만 했으면 방편이 무엇이다 하는 것, 그에 대해 무엇을 취하고 어떻게 해야겠다는 것을 우리가 다 알 수 있게 되었을 것이니, 강원에서는 경(經)을 부지런히 익히고 선방에서는 화두(話頭)를 부지런히 해 가지고 어떻게든 자기가 하는 공부를 하루바삐 빨리 성취하도록 노력합시다.[38]

성철은 위 인용문에서 경전을 공부하는 것과 화두를 들고 공부하는 것만을 예로 들고 있지만, 그 예는 범위가 확장될 수 있다고 생각한다. 자기 역량이 중요하므로 자신에 맞는 수행법을 개발할 수도 있고, 더 나아가 일상생활 그 자체가 그대로 수행으로 승화될 수도 있다고 생각한다. 왜냐하면 삶의 모든 것이 다 수행이 될 수 있기 때문이다. 그래서 방편을 인정하는 관점에서 보면, 그 작은 것 하나하나가 모두 소중한 수행이 될 수 있다.

---

38. 성철, 1987/2003, 「일승법(一乘法)과 방편(方便)」, 『자기를 바로 봅시다』(합천: 장경각), 197~198쪽.

결론

일반적으로 성철은 무섭고 엄격하며 어려운 스님으로 인식되지만, 성철에게 자비스럽고 자상한 면도 많다고 한다. 그 예로 대한불교조계종 기본선원장을 지낸 지환이 간화선 수행을 할 때에 아랫배가 한동안 아파서 고생을 하였는데, 이 문제를 성철에게 묻자, 성철은 다음과 같이 자상하게 처방을 일러주었다고 한다. "좌선하다 찬 기운이 몸에 들어와서 그런 것이다. 차가운 곳에 오래 앉아 있다 보면 그런 증세가 생긴다. 기와를 가져다가 군불 땔 때 구워서 수건으로 여러 겹을 감아라. 그것을 아랫배에다 대고 정진하면 아랫배가 따뜻해져서 그 증세가 낫게 될 것이다." 실제로 성철의 말대로 했더니 증세가 나았다고 한다.[39]

이와 같이 성철에게 엄격한 면도 있지만, 자비스럽고 자상한 면도 있는 것처럼, 그의 사상에서도 엄격한 주장도 있지만, 자비스럽고 자상한 주장도 있다. 또한 이러한 점은 백련암 신도회장 김천진성의 다음의 말속에서도 확인할 수 있다. "일반적으로 큰스님의 법문이 어렵다고들 알고 있는데, 스님들에게 내리는 법문은 그럴지 몰라도 사부대중을 향한 법문은 지극히 일상적인 생활법문이었다. 그래서 그 말씀이 쉽기도 하거니와 일상을 살아나가는 데 꼭 필요한 지침이 되었다."[40]

---

39. 지환, 2006, 「영원한 대자유를 위하여 일체를 버려라」, 법전 외 지음, 『가야산 호랑이를 만나다』(서울: 아름다운 인연), 75쪽.
40. 김천진성, 2006, 「큰스님의 법문에 매료된 나의 기도」, 법전 외 지음, 『가야산 호랑이를 만나다』(서울: 아름다운 인연), 112~113쪽.

두 번째 부분인 「'돈오돈수'의 입장: 보조지눌의 사상에 대한 비판」에서는 성철이 제시하는 '돈오돈수의 수행법'에 대해 살펴보았다. 이를 다음의 세 가지로 정리해볼 수 있다. 첫째, 견성은 제8아뢰야식에 있는 근본무명(根本無明)도 제거하는 것, 곧 구경각(究竟覺)이고, 이는 부처가 되는 것이다. 이것이 바로 '돈오돈수의 수행법'이다. 다시 말하자면, 진리를 단박에 깨달았으면 그대로 부처가 된다는 것이다. 둘째, 성철은 이런 입장에 서서 보조국사 지눌의 사상을 비판한다.

그리고 마지막으로 성철은 화두를 참구하는 단계, 곧 동정일여(動靜一如), 몽중일여(夢中一如), 숙면일여(熟眠一如)의 단계를 지나서 견성을 할 수 있다고 제시하고 있으며, 참선, 곧 화두를 참구하는 것이 가장 뛰어난 방법이라고 주장한다.

그런데 성철의 제자들은 성철이 지눌에 대해 비판한 것을 완화시키고 있다. 성철이 지눌을 비판한 근거는 두 가지 정도로 압축할 수 있다. 첫째, 부처의 경지 이외에는 모두 삿된 지식이고 삿된 견해라는 것이고, 이는 지눌의 『수심결』 등에서 제시한 돈오점수 수행에 대한 비판으로 연결된다. 둘째, 돈오돈수의 수행법 이외에는 선종이 아니라는 것이다. 그래서 성철은 지눌의 사상 전체를 '화엄선'이라고 판정하고 '순수한 선종'이 아니라고 비판하고 있다. 이는 선종만이 뛰어난 가르침이고 교종의 가르침을 그렇지 못하다는 성철의 판단에 근거한 것이지만, 그 판단에 대한 객관적 근거는 없다.

그런데 그의 제자들은 『옛 거울을 부수고 오너라 — 선문정로』(2013)에서 이런 대목을 삭제하고 지눌의 『수심결』의 전체 내용과 『절요사기』의 일부 내용을 비판하는 것으로 축소시키고 있다. 이렇게 축소시키면, 성철이 제기한 보조지눌의 비판에 대해 제한된 의미의 타당성을 부여할 수 있다. 이는 '돈오돈수의 입장'에 서서 '돈오점수의 수행'을 비판하는 것이므로, 이 경우에는 비판의 타당성을 어느 정도 유지할 수 있다. 물론 그렇다고 해도, 어찌하여 '돈오돈수의 수행'만이 중요한 것이고 '돈오점수의 수행'은 의미가 없는 것인지에 대한 문제는 남는다.

세 번째 부분인 「'돈오돈수'의 입장: 보조지눌의 사상에 대한 비판」에서는 성철의 사상 가운데 '돈오돈수'와 구분되는 실천에 대해 검토하였다. 첫째, 성철은 앞에서 말한 '참선'과 함께 '남을 돕는 것'이 '진리의 눈'을 뜨는 방법이라고 주장한다. 성철은 '남을 돕는 것'과 '참선'을 병렬적으로 나열하기도 하고, 이 두 가지를 동시에 닦는 것을 말하기도 하는데, 그 내용을 말한 전체의 흐름을 살펴보면, '참선'과 '남을 돕는 것'이 서로 다른 영역의 수행이다. 그리고 성철은 '남을 돕는 것'을 강조해서 '불공'도 합리적으로 해석한다. '불공'이 자신의 복을 부처에게 비는 것이 아니고 '남을 돕는 것'이라고 주장한다.

둘째, 성철은 '남을 돕는 것' 이외에 다른 형태로 '자비의 마음'을 실천할 것을 추가한다. 그것을 '원수를 부모님처럼 섬긴다'라고 표현하고 있다. 성철은 원수를 부모님처럼 섬기게 되면 모든 번뇌 망상과 중생의 병이 사라진다고 말한다. 따라서 이것도 훌륭한 불교실천의 길이 된다.

셋째, 성철은 신심(信心)을 강조한다. '보타산(보타낙가산)'과 '오대산'에서 정성껏 기도를 드리면 관세음보살과 문수보살이 나타나는 것을 볼 수 있는데, 중요한 것은 '보타산'과 '오대산'이라는 장소가 아니고 그 사람의 '신심'이라는 것이다. 성철은 신도가 '신심'을 갖고 기도를 하면 누구든지 어떤 곳에서도 관세음보살과 문수보살을 볼 수 있다고 주장한다. 이는 종교의 외형적인 측면의 성스러운 곳이 중요한 것이 아니고 인간의 내면세계가 의미 있는 것이라는 주장이다. 이것은 불교인이 신행생활을 해 나갈 때 외형적인 것에 현혹되지 말고 자신의 내면세계에 의미를 두라는 말이고, 이 주장도 불교인이 신행생활에서 새겨들을 만한 중요한 내용이라고 생각된다. 만약 성철의 이러한 주장을 깊이 수용한 불교인이 있다면, 그 사람은 더 이상 외형적인 형상에 이끌리지 않고 자신의 내면세계를 주시하는 종교생활을 해나갈 수 있을 것이라고 기대한다. 이런 의미에서 성철이 말하는 신심(信心)은 '주체적 신심'이라고 부를 수 있다고 생각한다.

넷째, 성철은 참선수행을 강조하면서도 '방편의 필요성'을 주장한다. 이는 자신의 역량에 따라 방편의 수행도 중요한 것이 되고, 참선의 수행도 의미 없는 것이 된다는 것이다. 그래서 불교인은 한 가지 수행법에 국한되어 집착해서도 안 되고 어느 한 가지 수행법도 버려서는 안 된다는 것이다. 앞에서 말한 남을 돕는 것, 자비의 마음을 실천하는 것, 신심을 강조하는 것은 결국에는 '방편의 필요성'으로 돌아간다. 왜냐하면, 성철의 입장에서 본다면 참선의 수행이 가장 뛰어난 것이고, 그렇다면 나머지 수행덕목(남을 돕는 것 등)은 방편에 속할 것이기 때문이다.

위의 내용을 간단히 압축하면, 「돈오돈수'의 입장: 보조지눌의 사상에 대한 비판」에서는 돈오돈수의 수행법을 말하고 이것이 가장 뛰어난 수행법이며 부처의 경지에 이르기 전에 중생이 바른 생활을 할 수 없으므로 다른 수행과 실천은 삿된 지식과 삿된 견해에서 나온 것이라는 것이고, 「돈오돈수'와 구분되는 다른 실천에 관한 입장」에서는 참선의 수행법 이외에 방편의 수행법(남을 돕는 것 등)을 인정할 필요가 있다는 것이다. 이 두 가지 입장이 서로 충돌한다.

그러면 오늘날 성철의 두 가지 입장을 어떻게 계승할 것인가? 성철이 말하는 '돈오돈수의 수행법'을 그대로 수용하더라도, '방편의 길'을 열어놓을 필요가 있다. 다시 말해서, '돈오돈수'가 선문(禪門) 수행의 중요한 길이라고 하더라도, 사람의 역량에 따라 다른 길을 열어두면 될 것이다. 성철의 표현대로, 자신의 역량이 '돈오돈수의 간화선'을 공부할 정도가 아닌데 이것이 최고의 수행이라고 해서 공부한다면, 그 때는 이 '돈오돈수의 간화선'이 그 능력 없는 수행자에게는 방해가 될 것이다. 자신의 역량에 맞게 공부해 나가는 것이 중요하다. 만약에 성철이 말한 '방편의 정신'을 수용한다면, 지눌의 '돈오점수'에 대해서도 그렇게 비판할 이유가 없다. 그 '돈오점수의 수행'도 불교 수행의 한 가지 길이고 그것이 맞는 수행자가 있을 것이다. 필자는 이렇게 성철의 사상을 해석하는 것, 곧 '돈오돈수의 간화선'을 주장하면서도 '방편의 길'을 열어놓는 것이 그의 사상을 이 시대에 맞게 재해석하는 길이라고 생각한다.

참고문헌

강건기·김호성 편저. 1992. 『깨달음, 돈오점수인가 돈오돈수인가』. 서울: 민족사.

박성배. 2009. 『한국사상과 불교 — 원효와 퇴계, 그리고 돈점돈쟁』. 서울: 혜안.

법전스님 외. 2006. 『가야산 호랑이를 만나다』. 서울: 아름다운 인연.

서명원, 2013/2014. 『가야선 호랑이의 체취를 맡았다』. 서울: 서강대출판부.

성철. 1983. 『산은 산 물은 물의 이성철 스님』. 서울: 밀알.

_____. 1976/1990/2001. 『한국불교의 법맥(증보판)』. 합천: 장경각.

_____. 1981/2006/2013. 『옛 거울을 부수고 오너라 — 선문정로』. 합천: 장경각.

_____. 1987/2003. 『자기를 바로 봅시다』. 합천: 장경각.

_____. 1992/2004. 『백일법문 하권』. 합천: 장경각.

서명원, 2013/2014. 『가야선 호랑이의 체취를 맡았다』. 서울: 서강대출판부.

심재열. 1992. 「원효의 이해와 돈오점수 사상」, 『보조사상』 5·6합집. 서울: 보조사상연구원.

이병욱. 2006. 「합리성과 엄격성으로 바라본 성철의 사상」, 『퇴옹성철의 깨달음과 수행』. 서울: 예문서원.

_____. 2012. 「성철의 보조지눌 사상 비판의 정당성 검토」, 『보조사상』 38집. 서울: 보조사상연구원.

조성택 편. 2006. 『퇴옹성철의 깨달음과 수행』. 서울: 예문서원.

지상 논평 & 리뷰

성철의 돈오돈수 수행론이 성철의 다른 입장과 상충됨을 주장한 이병욱 강사(고려대)의 글에 대해 서명원 교수(서강대 종교학과)와 오지섭 대우교수(서강대 종교학과) 등이 논평과 질의를 했다.

첫 번째 질의의 요지는 "성철을 무상정각을 이룬 분, 즉 정법안장이나 정안종사로 인정할 수 있다고 생각하는지(부처가 되게 해 주는 궁극적인 체험을 하고 부처로 사셨는지), 석가세존이 그 체험을 하셨다고 생각하는지, 성철이 나옹혜근의 삼관, 즉 동정일여·몽중일여·숙면일여를 말할 때 통시(通時)적으로 생각하는 것인지, 아니면 공시(共時)적으로 생각하는 것인지, 아니면 통시적이며 공시적으로 생각하는 것인지, 성철의 제자들은 성철이 지눌에 대해 비판한 것을 완화·삭제·축소하는 제자들의 의도가 무엇인지 알려줄 수 있는지, ▲ 성철불교는 생수불이(生修不二) 정신을 구현하고 있다고 생각하는지, ▲ 성철의 신심에 관한 설명은 과연 완전히 새로운 것이라고 할 수 있는지, ▲ 성철은 방편으로서 이타행을 많이 강조했다고 하는데 어떤 때는 성철이 말하는 방편으로서의 이타행의 범위가 상당히 국한되어 있는 게 아닐지, ▲ 성철은 왜 하필이면 자기를 방어하지 못하는 지눌을 그토록 비판했을지, ▲ 마지막 단락에서 제공하는 서로 충돌하는 성철의 두 가지 입장, 즉 참선의 수행법과 방편의 수행법의 계승에 대해서는 결국 성철의 입장보다는 보조지눌의 입장에 있는 게 아닐지?"(이상 서명원)로 요약할 수 있다.

이에 대해 이병욱 강사는 "▲ 성철이 돈오돈수를 주장했지만 자신이 돈오돈수했다는 표현을 명확하게 하지 않았으며, ▲ 성철이 말하는 간화선수행은 선종의 완전한 주류는 아닐지 모르지만 주류적 흐름을 계승했고, 성철의 행실이나 삶에 대해서는 괄호를 치고, 그 주장만큼은 우리가 수용할 수 있을 것이며, ▲ 개인적인 생각으로는 성철의 제자들이 봤을 때 좀 문제가 있다고 생각해서 줄인 게 아닐까 하는데, 지눌에 대한 비판 부분이 많이 삭제되어서 현재로는 지눌 저술의 일부분을 비판하는 내용으로 축소되었고, ▲ 이 논문은 주변부 이야기를 끌어와 쓴 글이고 이것이 성철사상의 핵심은 아니기 때문에 생수불이 정신을 구현할 수 있는지와 직결해 이야기하기 어려우며, ▲ 신심에 관해서는 불교학을 어느 정도 한 분이라면 할 수 있는 이야기이지만 한국의 여타 동급의 선사들은 이런 유형의 내용을 발언한 적이 없는데 성철은 선교를 겸비했기에 교의 이야기를 할 수 있었으며, ▲ 이타행을 하자는 이야기는 좋은 것이며, 성철이 이타행을 말한 것만큼 실천하지 못했으므로 의미가 없는 게 아니냐고 묻는 것은 엄격한 잣대 아닐까?, ▲ 성철은 지눌을 올바르게 이해하지 않았다고 보았으며, ▲ 필자는 성철사상을 개인의 사상이 아니라 한국 불교 전반을 대표하는 것으로 보았으므로 지눌의 입장이라고 할 수는 없으며, 합리적 계승을 고민하면서 그분이 말한 돈오돈수는 틀린 내용이 아니니까 계승하고, 돈오돈수 입장이 아닌 사람을 비판할 이유가 없다는 것을 그분의 입을 빌려 밝히고자 했다"고 밝혔다.

두 번째 질의의 요지는 "▲ 성철의 '다른 실천'에 관한 내용이 과연 구경각의 완전성과 절대성에 위배되는 삿된 지식과 삿된 견해에 해당하는 것일지, 남을 돕는 것, 원수를 부모처럼 섬기는 것, 주체적 신심, 방편의 필요성 인정이 정말 구경각의 완전성과 절대성의 입장에서 수용될 수 없는 것인지, ▲ 성철의 두 가지 입장이 서로 충돌된다면 이 모순이 돈점논쟁에 어떤 영향을 주는지?"(이상 오지섭 대우교수)에 관한 것이었다.

이에 대해 이병욱 강사는 "▲ 각주를 달아서 부처의 경지가 돼서 집착이 완전히 떨어진 경지가 아니면 진정한 의미의 보시일 수 없다고 말한 대목들을 소개했으며 집착이 있고 분별이 있는 것이라면 진짜 의미의 수행이 될 수 없다는 표현들도 있었지만 더 보완하겠다, ▲ 필자는 성철의 지눌 비판에 대해 틀렸다고 생각하며 성철 자신의 내용으로 보아도 서로 충돌하고 있으므로 성철의 지눌 비판은 틀린 것임을 깔고 있다"고 밝혔다.

이 밖에 이태승 교수(위덕대 불교문화학과)는 "구경각 방편을 다른 측면으로 이야기하면 중도라고 이야기할 수 있는데, 중도라는 말이 한마디도 안 나왔는데, 구경각, 남을 돕는 것, 이타행, 보살행 등으로 성철의 중도라고 볼 여지가 있는지?"를 질문했고, 이에 대해 이병욱 강사는 "성철사상의 또 다른 키워드는 중도라는 말씀은 맞지만, 중도에 돈오돈수를 이야기하면서 갑자기 선종이 우월하고 돈오점수는 선종에서 배제되어야 한다고 하니 그의 사상지도에서 돈오돈수와 돈오점수가 충돌하고, 그분의 사상에서 충돌이 자꾸 나타났기 때문에 아름답게 포장하는 것은 계속 피해 왔다."고 답했다.

한편 청중의 질문으로 "백련암에 기거하면서 하루 종일 수행만 한 성철을 보면, 깨달은 분이 점수 수행을 한 것은 아닌지에 관해 학계 이야기를 들려 달라"는 요청이 제지되자, 이병욱 강사는 "성철의 생애에 대한 자료를 제대로 못

봤기 때문에 자신 있게 답변하지는 못하지만 어쨌거나 성철은 돈오돈수를 말하고 있는데 자신의 수행은 돈오점수적인 게 아니었다 하는 의심은 충분히 들지만 어떻게 해석하고 답해야 할지 모르겠다"고 갈무리했다.

2016년에 개최된 학술대회 당시의 전체 논평과 답변 내용은 서강대학교 종교연구소 누리집에서 다운로드해 보실 수 있습니다.
http://isr.sogang.ac.kr/

성철의 불교관과 일본 근대불교학

글 조명제 (신라대학교 교수)

성철의 불교관과 일본 근대불교학

머리말

성철(性徹, 1912~1993)은 전통적인 선사로서의 이미지가 강하지만, 그의 불교 이해에는 근대불교의 그림자가 깊이 드리워져 있다. 이러한 경향은 그가 1950년대부터 만년까지 일본의 불교 학술서적을 두루 구입하여 섭렵한 독서 이력에서 잘 드러난다. 또한 이러한 독서를 통한 근대불교에 대한 지식정보는 그의 불교관에 적지 않은 영향을 미쳤으며, 『백일법문』(1992)을 비롯한 법어, 저작 등을 통해 폭넓게 확인할 수 있다.

그러나 지금까지 학계에서는 성철의 불교관이 어떻게 형성되었으며, 그것이 어디에서 영향을 받았으며, 나아가 그 의미가 무엇인지에 대한 검토가 별로 이루어지지 않았다.[1] 이러한 문제인식에서 필자는 이미 『『백일법문』에 대한 분석을 통해 일본 근대불교학이 성철의 불교관에 미친 영향을 발표한 바가 있다.[2] 다만, 이 글은 『백일법문』이 등장하게 된 배경과 성철의 중도설이 미야모토 쇼손(宮本正尊, 1893~1983)에게 어떤 영향을 받았는가에 초점을 맞추었기 때문에 일본의 근대불교학이 성철의 불교관에 미친 영향을 종합적으로 다루지 못하였다. 이 글에서는 일본의 근대불교학이 성철의 불교관에 어떠한 영향을 미쳤는지를

---

1. 성철이 제기한 법통 논쟁, 돈점 논쟁 등은 엄밀한 학문적 검토에서 출발하거나 진행된 것이 아니라 성철이 제기한 프레임에 갇힌 채 이루어졌던 한계가 있다. 나아가 연구자들이 성철의 불교관을 학문적 대상이 아니라 신앙적인 문제로 접근하거나 성철을 신비화하는 분위기 등이 여전히 남아 있다.
2. 조명제, 2006a, 「백일법문과 근대불교학」, 『백련불교논집(白蓮佛敎論集)』 16.

살펴보고자 한다. 특히 성철의 불교관에서 핵심적인 입론인 중도관과 선종사 인식이 지닌 문제점과 한계에 대해 검토해보고자 한다.

성철의 근대불교학 수용

구한말 이후 불교 지식인들은 서구 근대 문명의 격류에 휩싸이면서 불교의 근대화라는 시대적인 과제에 어떻게 대응할 것인지에 대해 고민하게 되었다. 당시 불교 지식인들은 불교 근대화의 롤 모델로 일본의 근대불교를 받아들였다. 아울러 그들은 미디어와 유학 등을 통해 근대 지식정보와 근대불교의 동향을 다양하게 수용하였다.[3]

성철이 개인적인 동기에서 불교와 인연을 맺게 되었지만, 그는 전통적인 불교뿐만 아니라 당시 확산되던 근대불교도 체험하였다. 그는 대원사에서 요양할 때에 잡지 『불교』를 통해 근대불교에 접하게 되었고, 해인사에서 김법린으로부터 일본 유학을 권유받기도 하였다.[4] 그런데 성철이 일본 근대불교학의 영향을 본격적으로 받았던 것은 전통적인 선 수행에 몰두하던 초기보다 오히려 1950년대 이후로 보이며, 이러한 양상은 그의 저작, 유필 노트, 장서 등을 통해 폭넓게

---

3. 조명제, 2006b, 「근대불교의 지향과 굴절」, 『불교학연구』 13; 조명제, 2014, 「한용운의 『조선불교유신론』과 일본의 근대지」, 『韓國思想史學』 46 참조.
4. 조명제, 앞의 글(2006a), 주 39.

확인할 수 있다.

　종래 성철의 독서 이력이 다양하다는 사실은 제자들의 증언이나 그의 저작을 통해 드러나지만, 백련암에 소장된 장서를 통해 구체적으로 확인할 수 있다. 그의 장서는 우이 하쿠쥬(宇井伯壽, 1882~1963) 전집을 비롯하여 누카리야 카이텐(忽滑谷快天, 1867~1934), 스즈키 다이세쯔(鈴木大拙, 1870~1966), 나카무라 하지메(中村元, 1912~1999), 히라카와 아키라(平川彰, 1915~2002) 등 일본 불교학계를 대표하는 학자들의 저작을 비롯하여 하쿠인(白隱), 료칸(良寬) 등의 저작까지 다양하다.[5] 이러한 방대한 장서는 성철이 평생 일본 근대불교학의 성과에 대한 관심이 대단히 컸으며, 그의 불교 이해에 미친 영향도 적지 않음을 보여준다.

　성철은 젊은 시절에 종교와 철학에 대한 책을 널리 읽었다고 스스로 밝혔다.[6] 그는 공통적인 종교의 목표가 무엇인가에 대해 상대유한의 세계에서 절대무한의 세계로 들어가 영원한 행복을 얻는 것이라고 주장하였다.[7] 이러한 표현은 그 자신의 독자적인 종교관이 아니라 일본 신종교인 세이초노이에(生長の家)를 설립한 다니쿠치 마사하루(谷口雅春, 1893~1985)의 『생명의 실상(生命の實相)』에서 영향을 받은 것으로 보인다.[8]

　또한 성철은 불교가 과학이라는 언설을 자주 강조하였다. 그는 각종 법어에

---

5. 조명제, 앞의 글(2006a), 38~39쪽.
6. 조명제, 성철, 2014, 『성철스님 백일법문』 상, 개정증보판(합천: 장경각), 56~57쪽. 이하 이 글에서 인용한 『백일법문』은 개정증보판을 가리킨다. 또한 초판에서 인용한 경우는 따로 표기하였다.
7. 『백일법문』 상, 68쪽.
8. 상대유한과 절대무한이라는 개념은 기요사와 만시가 종교의 정의에서 중시하는 용어이다. 수村仁司 編譯, 2001, 「宗敎哲學骸骨」, 『現代語譯淸澤滿之語錄』(東京: 岩波書店) 참조.

서 자신의 주장이 옳다는 것을 입증하기 위해 과학적 증명을 통해 설명하였다. 나아가 그는 전통불교의 비합리적 성격을 비판하면서 산신각, 칠성각과 같은 주술적인 전각을 철거하였다.[9]

이러한 성철의 인식은 근대불교의 인식에서 영향을 받은 것이다. 19세기에 유럽의 불교 연구자들은 문헌을 통해 구성된 역사적 붓다가 설한 사상을 불교라고 이해하고, 현실의 불교는 본래의 이상적인 불교가 타락한 것으로 파악하였다.[10] 나아가 전통불교의 신앙을 미신, 주술로 바라보는 근대적인 편견, 비판이 확산되었다. 이러한 불교 인식은 일본의 근대불교학을 통해 재편되고 동아시아로 확산되었다. 따라서 성철이 붓다로 회귀하자는 주장이나 현실의 불교를 타락한 것으로 바라보는 시각은 근대불교의 인식에서 비롯된 것이다.

아울러 성철이 불교가 과학이라는 주장은 근거가 약하거나 설득력이 떨어진다. 그는 유필 노트에 『라이프(Life)』, 『사상계』 등에 실린 시간에 대한 기사, 윤회와 관련된 『영혼의 세계(靈魂の世界)』, 『생명의 실상(生命の實相)』 등에 실린 초능력, 분신 등의 사례를 적지 않게 인용하고 있으나 과학적 주장과 거리가 멀다. 특히 그가 윤회의 실재를 증명하기 위해 많은 사례를 제시하지만 윤회설에

---

9. 성철은 1982년 음력 5월 15일에 행한 대중 법어에서 봉암사 결사의 주요 방향 가운데 법당 정리를 들고 있는데, 그것은 불교의 순수성을 회복시키고자 칠성각, 산신각 등 비불교적인 요소를 추방하는 것이었다(성철, 1987, 『자기를 바로 봅시다』(합천: 장경각), 220~235쪽).
10. 下田正弘, 2006, 「近代佛教學の展開とアジア認識」, 岸本美緒 編, 『帝國日本の學知 第3卷 東洋學の磁場』(東京: 岩波書店), 189~192面.

대한 본질적인 해명으로 보기 어렵다.[11] 나아가 그는 아인슈타인의 상대성이론과 민코프스키의 4차원 세계의 공식을 예로 들면서 중도설이 과학적으로 증명되었다고 주장하지만[12] 자의적인 이해에 그친다.

한편, 성철이 활용한 불교 문헌이나 선적(禪籍)은 근대불교학의 세례를 받은 텍스트가 많으며, 전통불교의 흐름과 차이가 있다. 이러한 경향은 그가 주로 활용한 『대정신수대장경(大正新脩大藏經)』, 『남전대장경』 등을 통해 확인할 수 있다. 다카쿠스 준지로(高楠順次郎, 1866~1945)와 와타나베 가이쿄큐(渡邊海旭, 1872~1933)를 중심으로 편찬한 『대정신수대장경』(이하 『대정장』)은 일본 근대불교학의 대표적인 성과로 나타난 대장경이다. 『대정장』은 유럽에서 형성된 불교문헌학의 성과를 바탕으로 이루어진 팔리어 불전 총서의 출판에 자극을 받아 이루어진 대장경이다. 근대 일본에서 활자판 대장경은 1880~1885년에 편찬된 『대일본축쇄대장경(大日本縮刷大藏經)』을 비롯하여 『대일본교정훈점대장경(大日本校訂訓点大藏經)』[만장경(卍藏經), 1902~1905], 『대일본속장경(大日本續藏經)』[만속장(卍續藏), 1905~1912] 등이 계속해서 편찬되었다. 『대정장』은 이러한 한문대장경의 집대성이며, 전통적인 대장경과 달리 인도 중심 시점의 등장, 텍스트에 있어서 불교의 통일, 그리고 동아시아세계로부터의 탈피라는 세 가지 특징을 갖

---

11. 윤회에 대한 서적 번역본은 John G. Fuller, 1976, *The Ghost of Flight 401* (이스턴 항공 401편의 유령, New York: Berkley Books), Stevenson, Ian, 1980, *Twenty Cases Suggestive of Reincarnation* (Virginia: University of Virginia Press) [이안 스티븐슨, 1996, 『전생을 기억하는 아이들』 상, 하, 송준식 역(서울: 송산출판사)] 등이 유필 노트에 적혀 있다. 스티븐슨의 책은 1966년 미국심령연구학회(American Society hor Psychical Research)에서 발표한 연구를 단행본으로 출간한 것이다. 한편 윤회설을 증명하려는 시도는 성철, 1988, 『영원한 자유』(합천: 장경각)에도 잘 드러난다.
12. 『백일법문』 상, 97~98쪽.

고 있다.[13] 한편, 팔리어 불전을 중심으로 하는 원시불교 연구는 다카쿠스 이후 나가이 마코토(長井眞琴, 1881~1970), 야마모토 카이류(山本快龍, 1893~1948), 미즈노 고겐(水野弘元, 1901~2006) 등으로 이어지며, 이들에 의해 『남전대장경』 70권이 간행되었다.

또한 성철이 자주 인용하는 『벽암록(碧巖錄)』, 『종용록(從容錄)』, 『굉지록(宏智錄)』, 『원오심요(圓悟心要)』 등은 전통적으로 한국불교계에서 간행되거나 유통된 적이 거의 없던 선적이다.[14] 예를 들어 지금의 불교계는 『벽암록』을 종문제일서(宗門第一書) 또는 선서(禪書)의 백미라는 표현에 별다른 위화감을 느끼지 못하고 즐겨 사용하고 있다. 그런데 이러한 표현이 일본 선종에서 본래 사용되던 것이며, 『벽암록』은 실제 중국, 한국보다 일본 선종에서 중시되었던 문헌이다.[15]

따라서 현재의 한국불교계에서 『벽암록』이 중시된 것은 근대 이후 일본 선

---

13. 下田正弘, 앞의 글(2006), 204~205面, 末木文美士, 1993, 「大藏經と辭典の編纂 — 近代佛敎史學の一側面」, 『日本佛敎思想史論考』(東京: 大藏出版), 40~46쪽.
14. 이러한 선적은 북송 시기에 간행되어 고려 선종계에 수용되었지만, 대부분 『선문염송집』과 같은 공안집에 수록되어 활용되었으며 단독으로 간행되지 못하였던 것으로 추측된다. 더욱이 고려 말 이후에 간화선이 성행되면서 송대선의 다양한 선적에 대한 수요가 사라졌기 때문에 선적의 다양성이 사라졌던 것으로 보인다(조명제, 2015, 『선문염송집연구-12~13세기 고려의 공안선과 송의 선적-』(서울: 경진출판) 참조).
15. 한국불교에서 『벽암록』이 간행된 사례는 드물고, 선종계에서 활용된 경우도 많지 않다. 최남선이 충숙왕(忠肅王) 4년(1317)에 간행된 『벽암록』을 소장하였다고 하나(『朝鮮佛敎典籍展覽會目錄』 14쪽. 椎名宏雄, 1993, 『宋元版禪籍の硏究』(東京: 大東出版社), 67쪽에서 재인용) 현재 실물이 남아 있지 않다. 『벽암록』은 1465년에 간행된 활자본, 1526년에 간행된 목판본을 제외하고 조선 시대에도 그다지 간행되지 않았다.(藤本幸夫, 「大東急記念文庫藏朝鮮版について(下)」, 『かがみ』 22, 1987, 송정숙, 「『불과원오선사벽암록』의 편찬과 수용」, 『서지학연구』 60, 2014 참조). 반면에 『벽암록』은 중국, 한국에 비해 일본에서 대단히 많이 간행되었다. 특히, 『벽암록』의 주석서는 유독 일본에서 많이 저술되었다(駒澤大學圖書館編, 1962, 『新纂禪籍目錄』, 426~ 432쪽, 末木文美士, 1993, 「『碧巖錄』の注釋書について」, 『松ヶ岡文庫研究年報』 7).

종의 영향이라고 할 수 있다. 마찬가지로 『종용록』,『굉지록』 등은 조동종에서 중시된 문헌이며, 한국불교계에서 그렇게 주목을 받지 못했다. 그러므로 성철이 주목한 선적은 대부분 일본 선종계에서 중시된 것이거나 일본 근대불교의 영향과 무관하지 않다.[16]

성철의 중도관과 문제점

성철은 스스로 지금까지 어느 누구도 나와 같이 부처님의 중도사상으로써 선과 교를 하나로 꿰뚫어 불교를 설명한 사람은 없을 것이라고 제자들에게 밝혔다.[17] 그는 불교의 근본이 중도사상에 있다고 단언하면서, 대승불교의 어떤 경전이든지 중도사상에 입각해서 설법되어 있으면 그것은 부처님 법이고, 그렇지 않으면 부처님 법이 아니라고 주장하였다.[18]

이러한 성철의 중도관은 『백일법문』에 본격적으로 제시되었다. 이 책은 1967

---

16. 반면 성철은 간화선을 정통으로 내세우면서도 전통적으로 한국불교에서 간화선의 지침서로 중시하였던 『몽산법어』를 비롯한 문헌에 관심이 없거나 거의 활용하지 않는다. 그 이유에 대해서는 본인이 밝히지 않았기 때문에 알 수 없다. 성철은 선적을 활용하는 데에 있어서 전통적인 틀에서 자유로운 입장을 갖고 있었던 것으로 보이며, 적어도 근대불교학의 성과에 의해 집성, 소개된 선적을 비교적 자유롭게 입수하여 볼 수 있던 여건과 무관하지 않다고 생각된다. 이에 대한 문제는 향후 검토할 과제라고 생각된다.
17. 원택, 1992,「후기」,『백일법문』상(합천: 장경각), 335~336쪽.
18. 『백일법문』상, 68쪽.

년에 성철이 해인총림 초대 방장으로 추대된 후에 해인사에서 행한 설법을 모은 것인데, 중도관에 입각하여 불교사상의 전체 흐름을 집약하여 제시하였기 때문에 성철의 불교관을 잘 보여준다. 그런데 『백일법문』에 드러난 성철의 중도관과 그것을 불교사상 전체를 통해 입증하고자 하는 내용은 필자가 이미 밝혔듯이 그 자신의 독창적인 성과에서 비롯된 것이 아니다.[19] 오히려 성철이 중도관에 관심을 갖게 된 계기나 그것을 입증하기 위해 섭렵한 불교 전적은 대부분 일본 근대불교학의 성과에서 비롯되었다.

성철이 중도를 통해 불교사상 전체를 이해하는 시각은 대승비불설(大乘非佛說)에 대한 대응이라는 문제의식에서 출발하였다. 대승비불설이란 대승불교가 역사적으로 실재하였던 붓다의 설이 아니라는 것이다.[20] 대승비불설이 커다란 논란을 불러일으키게 된 것은 무라카미 센쇼(村上專精, 1851~1929)가 1901년에 『불교통일론』을 제시하면서 비롯되었다.[21]

---

19. 그럼에도 불구하고 기존의 연구는 대부분 성철이 제시하는 중도사상을 『백일법문』의 요지를 소개하거나 정리하는 데 그치고 있으며, 성철의 중도관에 대한 문제인식이 거의 없다. 기존 연구 동향에 대해서는 조성택 편, 2006, 『퇴옹성철의 깨달음과 수행』(서울: 예문서원) 참조.
20. 대승비불설은 에도 시기에 토미나가 나카모토(富永仲基, 1715~1746)가 『출정후어(出定後語)』(1745년)를 저술하여 제시한 바가 있다. 그는 붓다가 직접 설한 것은 초기 아함부 경전의 일부이고, 그 후에 가상(加上)되어 서서히 대승의 제설(諸說)이 발전해 갔다고 주장하였다. 토미나가의 대승비불설은 과학적 배불론의 하나로서 히라타 아츠타네(平田篤胤, 1776~1843)의 배불론에 이용되었고, 메이지 후기까지 그에 대한 논쟁이 이어졌다(西村玲, 2010, 「教學の進展と佛教改革運動」, 末木文美士 編, 『新アジア佛教史13日本III 民衆佛教の定着』(東京: 佼成出版社), 225~228面).
21. 『불교통일론(佛敎統一論)』은 제1편 대강론(大綱論)이 1901년에, 제2편 원리론(原理論)이 1903년에, 제3편 불타론(佛陀論)이 1905년에 각각 금항당서적(金港堂書籍)에서 간행되었다. 이어 제4편이 간행되지 못한 채 제5편이 1927년에 간행되었다. 최근에 대강론 전문과 원리론, 불타론의 서론을 묶은 村上專精, 2011, 『佛敎統一論』(東京: 書肆心水)이 출판되었으므로 이용하기에 편리하다.

무라카미는 일본불교의 역사적 연구를 확립하여 근대기에 처음으로 일본불교사를 제시하였다.[22] 그는 불교의 역사를 연구하는 데에 있어서 '종파에 제한된 교리사'가 아니라, '불교 각 종파의 합동을 기도하는' 실천적인 의도를 갖고 『불교통일론』을 제시하였다.[23] 그는 『불교통일론』 제1편 대강론 여론(余論)에서 대승비불설론을 제기하여 일본불교계에 파란을 불러일으켰다.[24] 이후 일본 불교학계에서는 대승비불설에 대한 해명이 중요한 과제로 제기되었고, 대승의 기원이라는 물음으로 바꾸어 해결을 시도하였다.[25]

　성철이 대승비불설에 관심을 갖게 된 것은 『백일법문』에서 밝힌 바와 같이 과학과 학문의 발달에 의해 전통적인 불교 이해로는 일반인이 납득하기 어려운 현실에 대응하기 위해 새로운 설명이 필요하다는 사실을 절감하였기 때문이

---

22. 田村晃祐, 2001, 「井上圓了と村上專精 ― 統一的佛敎理解への努力-」, 『印度學佛敎學硏究』 49-2, Orion KLAUTAU, 2012, 『近代日本思想としての佛敎史學』(京都: 法藏館), 83~118쪽.
23. 村上專精, 앞의 책(2011), 19쪽.
24. 대승비불설론이 크게 문제되자 무라카미는 1903년에 『대승불설론비판(大乘佛說論批判)』을 통해 교리와 역사를 교리=대승불설, 역사=대승비불설이라고 나누는 것에 의해 대승불설이 성립하는 여지를 인정하였다.(末木文美士, 2004, 『明治思想家論―近代日本の思想?再考 I ―』(東京: トランスビュ), 100~109面). 무라카미는 대승비불설론을 주장하였지만 대승경전이 비불설이라고 하더라도 그것이 비불교를 의미하는 것이라고 생각하지 않았다. 그가 불타의 진의는 대승에 이르러 드러나고 있다(村上專精, 1901, 「拙著の批評集發刊を聞いて一言を寄す」, 『佛敎統一論第一編大綱論批評集』(東京: 金港堂), 7쪽)고 말한 것처럼 그의 역사적 불교 연구는 신앙 확립을 위한 것이고, 실용적 포교를 위한 것이었다(江島尙俊, 2010, 「哲學的佛敎硏究から歷史的佛敎硏究へ-井上圓了と村上專精を例として-」, 『大正大學大學院硏究論集』 34 참조).
25. 일본 불교학자의 대부분이 사원 출신자로 호교론적 목적을 갖고 연구를 진행하기 때문에 대승불교의 가치적인 우위는 당연한 전제로 하고 있다. 역사적으로 대승비불설이면서 교리에 있어서는 대승불설이라는 무라카미의 설은 그 타당성이 논의되지 않은 채 계승되었다. 또한 대승비불설 문제는 일본학계 특유의 문제라는 사실도 간과할 수 없다(末木文美士, 2013, 「大乘非佛說論から大乘佛敎成立論へ-近代日本の大乘佛敎言說」, 桂紹隆·齋藤明·下田正弘·末木文美士 編, 『シリーズ大乘佛敎10 大乘佛敎のアジア』(京都: 法藏館) 참조).

다.²⁶ 대승비불설과 관련하여 성철은 우이 하쿠쥬(宇井伯壽)를 높이 평가하였다.²⁷ 그러나 대승비불설에 대응하기 위해 성철이 『백일법문』에서 강조한 중도설은 미야모토 쇼손으로부터 깊은 영향을 받았다.

미야모토는 무라카미 이후에 「대승」을 정면에서 학문적 과제로 다루었다.²⁸ 미야모토는 『암파강좌 동양사조(岩波講座東洋思潮)』의 「동양사상의 제문제(東洋思想の諸問題)」(1935)에서 「대승교와 소승교(大乘教と小乘教)」를 발표하였고, 이어 『근본중과 공(根本中と空)』(1943), 『중도사상 및 그 발달(中道思想及びその發達)』(1944), 『대승과 소승(大乘と小乘)』(1944) 등 『불교학의 근본문제(佛教學の根本問題)』라는 3부작을 제시하였다. 「대승교와 소승교」에서 그가 언급하는 '대승적'이란 말은 당시 정치가에 의해 일본의 군사 행위 등이 자기 이익을 위한 행위가 아니라 동양과 세계평화를 지향하는 높은 이상에 세워져 있다고 하는 구실로 사용되었다. 당시 '대승' '대승적'이란 말은 아시아태평양전쟁에서 일본의 침략을 합리화하는 슬로건으로 사용되었던 것이다.

이러한 시각과 이해는 1940년대에 그의 저작에서 노골적으로 드러난다. 그

---

26. 조명제, 앞의 글(2006a), 37~38쪽.
27. 성철의 유필 노트에 우이 하쿠쥬(1882~1963)의 『인도철학연구(印度哲學硏究)』 2권, 4권에서 발췌, 필사한 부분이 확인된다. 우이는 조동종 승려이고, 도쿄대(東京帝國大學)을 졸업한 후에 1913년에 독일, 영국에 유학하였다. 이후 그는 도호쿠대(東北帝國大學), 도쿄제국대학에서 교수를, 코마자와대(駒澤大學)에서 학장을 역임하였다. 그는 인도철학, 선학 등에서 폭넓은 연구 성과를 제시하였으며, 특히 『불교범론(佛敎汎論)』(1943)에서 불교의 종합체계를 확립하고 무라카미의 『불교통일론』의 의도를 실현시켰다. 그 체계는 일본불교를 궁극적인 것으로 하고, 또한 천황제국가를 최고로 두었다.
28. 미야모토 쇼손(1893~1983)은 정토진종 출신으로 치바(千葉) 의학전문학교에 입학하였다가 2년 후에 오타니대(大谷大學)에 전학하고, 도쿄제국대학 인도철학과와 대학원을 졸업하였다. 이어 그는 1924년에 옥스퍼드대학 대학원에 유학하여 1928년에 돌아와 도쿄대 교수가 되었다[조명제, 앞의 글(2006a), 40쪽].

는 『부동심과 불교(不動心と佛敎)』(1941 초판, 1942 개정판)에서 태평양전쟁을 적극 지지하는 시국론을 제시하였다. 나아가 그는 『대승과 소승』(1944)에서 대승이 단순히 전통정신으로서 역사적으로 연구되는 것만이 아니라 흥아사상전(興亞思想戰)에서 지도정신이 되어야 한다고 주장하였다. 그는 아시아태평양전쟁 당시에 '몽고를 신풍(神風)으로 타도했던' 것처럼 불교에 의해 귀축영미를 타도해야 한다고 주장하였다.[29]

이와 같이 중도설에 입각한 미야모토의 연구 성과는 특히 『중도사상 및 그 발달』이라는 900쪽이 넘는 방대한 저서에 집약되어 제시되었다.[30] 성철의 중도설은 그 자신의 독창적인 주장이 아니라 미야모토가 『중도사상 및 그 발달』에서 제시한 시각과 주요 입론을 그대로 수용한 것이다. 이 책에서 미야모토는 붓다의 중도가 아함의 연기무아중도(緣起無我中道), 용수의 팔불중도(八不中道), 유식중도(唯識中道)로 발전하고, 대승불교의 지도 원리도 중도라고 주장하였다. 나아가 미야모토는 중도사상이 중국불교에서 길장(吉藏, 549~623)의 대편·진편·절대·성가(對偏·盡偏·絶待·成假)의 중도, 천태지의(顚天台智, 538~597)의 일심삼관삼체원융(一心三觀三諦圓融)의 중도일심(中道一心), 법장(法藏, 643~712)·징관(澄觀, 738~839)에게 보이는 화엄의 공유무애(空有無礙)의 중도연기, 임제의 사료간(四料簡), 동산(洞山)의 오위(五位) 등으로 이어진다고 주장하였다.

---

29. 전후 미야모토는 일본불교가 전쟁 협력에서 평화를 부르짖기 시작하였던 것처럼 아무런 반성 없이 시대 분위기에 편승하였다. 그는 전후에 미국에서 가서 아메리카는 민주적이며 좋은 곳이라고 생각하였고, 쇼와 텐노(昭和天皇)에게 진강할 때에 중도를 프런티어 정신이라고 말하였다[末木文美士, 앞의 글(2013), 301~305쪽].
30. 宮本正尊, 1944, 『中道思想及びその發達』(京都, 法藏館).

이러한 개념과 내용은 『백일법문』에 그대로 수용되었다. 실제 성철이 중도를 설명하는 내용도 미야모토의 저서로부터 인용한 부분이 적지 않다. 성철은 『남전대장경』을 비롯하여 초기불교에서 대승불교에 이르는 다양한 문헌에서 중도설이 어떻게 드러나고 있는가에 대한 기초적인 정보를 미야모토의 저서를 통해 대부분 입수하였다. 특히 『백일법문』의 제3부 근본불교 사상에 대한 자료는 미야모토의 저서에서 대부분 인용한 것이다. 예를 들어 중도대선언의 인용문, 『가전연경(迦栴延經)』의 활용 등이 대표적인 경우이다. 또한 성철이 중관사상, 유식사상, 『열반경』을 통해 중도설을 설명하는 것도 미야모토의 성과를 주로 활용하였다.[31]

그러면 성철의 중도설에 대해 어떻게 평가할 수 있을까? 먼저 성철이 중도라는 개념으로 불교사상 전체를 통관하는 핵심적인 요소, 내지는 근본적인 사상이라고 평가하는 것이야말로 무리한 주장으로 보인다. 근본적으로 성철의 중도설은 불교의 근본사상을 하나로 특정하고자 하는 시도이며, 이러한 근본적인 입장의 설정이 단순화시켜 가능한 것인지, 문헌적으로 검증 가능한 것인가? 라는 문제인식이 보이지 않는다. 이러한 성철의 중도관에 대한 문제점을 보다 구체

---

31. 조명제, 앞의 글(2006a), 41~42쪽.

적으로 제시하면 다음과 같다.³²

첫째, 성철의 불교관은 일종의 통불교 담론이지만, 일본 근대불교학의 흐름과 학문사적 문제점을 정확하게 인식하지 못하고 단순하게 수용한 한계를 갖고 있다. 중도 개념에 입각한 설명 방식은 갖가지 불교나 경전의 기저에 공통적으로 흐르는 불교의 근본정신 또는 핵심적 교설을 밝혀내고자 하는 일종의 방법론이라 할 수 있다. 이러한 방법론은 일본불교가 직면한 현실적, 학문적 대응의 차원에서 제기된 통불교 담론에서 잘 드러난다.

성철이 중도사상을 중심으로 불교를 통일적으로 파악하는 방식은 근대의 통불교 담론을 연상하게 한다. 통불교 담론은 일본불교가 종파불교의 폐단을 극복하고 불교 개혁을 모색하는 과정에서 제시되었다. 주지하듯이 무라카미의 통불교 담론은 메이지 시기 일본불교의 흐름과 깊은 관계가 있다.

메이지 시기의 일본불교에서는 종파 단위의 불교 이해를 탈피하여 불교 전체를 통일적으로 파악하고자 하는 경향이 나타났다.³³ 1879년에 오우치 세이란(大

---

32. 『백일법문』에 제시된 성철의 발언은 대단히 자의적이거나 사실과 거리가 먼 경우가 적지 않다. 예를 들어 "근본불교가 중도임이 판명된 뒤에는 세계 불교학자들 사이에서도 대승비불설은 사라졌다."(『백일법문』상, 120~121쪽) 대승비불설론이 사라졌다는 표현이 어디에서 유래하였는지는 확실하게 알 수 없지만, 우이 하쿠쥬의 영향으로 보인다. 宇井伯壽, 1933, 「大乘非佛說論の終熄」, 『現代佛教 ― 明治佛教の研究・回顧 十周年記念特輯號』, 105 참조. "대승은 정계이고 소승은 방계이다."(『백일법문』상, 123쪽) "소승불교는 부처님 사상을 오해한 변질된 불교이고, 정통의 불교는 아니라고 요즘 학자들이 말합니다."(『백일법문』상, 124쪽) "흔히 불교를 믿는 사람들도 유교나 도교, 예수교나 서양의 헤겔철학이나 칸트철학이 불교와 같지 않느냐고 혼동하는 사람들이 많이 있는데, 중도를 완전하게 이해하지 못했기 때문입니다."(『백일법문』상, 129쪽)

33. James Edward Ketelaar, 1990, *Of Heretics and Martyrs in Meiji Japan: Buddhism and Its Persecution* (Princeton University Press) [제임스 에드워드 케틀라르, 2006, 『邪教/殉教の明治 ― 廢佛毀釋と近代佛教』 岡田正彥 譯(東京: ペリカン社), 246~296面].

內靑巒, 1845~1918)이 시마찌 모쿠라이(島地默雷, 1838~1911)와 함께 통불교적인 결사인 화경회(和敬會)를 조직하였고, 이어 1884년에 시마찌와 이노우에 엔료(井上圓了, 1858~1919) 등에 의해 영지회(令知會)가 결성되었다.[34] 이와 같이 통불교를 지향하는 흐름은 통불교연구회를 결성한 이노우에 세이쿄(井上政共), 법왕교(法王敎)를 제기하였던 다카다 도겐(高田道見, 1858~1923)[35], 신불교운동을 주도하였던 가토 도쯔도(加藤咄堂, 1870~1949)[36] 등에 의해 더욱 확산되었다.[37]

이와 같이 메이지 시기에 대두한 통불교 언설은 1900년대에 성행하였으며[38], 1910년대에 식민지조선의 불교 잡지와 유학생들을 통해 소개되기 시작하였다.[39] 통불교 담론은 한국불교의 역사상을 강조하는 대표적인 언설로 널리 확산되었다. 곧 통불교 담론에 따르면 불교가 인도, 중국을 거쳐 조선에 이르는 발전과정

---

34. 柏原祐泉, 1990, 『日本佛敎史 近代』(東京: 吉川弘文館), 60~62쪽.
35. 櫻井秀雄, 1982, 「洞門における異端者の系譜ついて」, 『禪研究所紀要』 11, 44쪽.
36. 常光浩然, 1969, 「明治の佛敎者」下(東京: 春秋社), 86~95쪽, 吉永進一 外, 2012, 『近代日本における知識人宗敎運動の言說空間― 『新佛敎』の思想史・文化史的研究』, 日本學術振興會科學研究費補助成事業研究成果報告書(20320016), 231~233쪽.
37. 메이지 시기에 교넨(凝然)의 『八宗綱要』와 『大乘起信論』이 주목되고, 그와 관련된 저작이 유행하였던 것도 통불교와 관련된다(Ketelaar, 앞의 책, 250~268쪽). 다카다가 통불교의 근본이 되는 의의(根本義)를 『대승기신론』의 일심이문(一心二門)에 따라 설명하고, 가토도 『대승불교대강(大乘佛敎大綱)』(1903) 10장 통불교의 원리에서 현상즉실재론(現象卽實在論)을 강조하면서 『대승기신론』을 들고 있다(孫知慧, 2012, 「韓國近代における元曉認識と日本の「通佛敎論」」, 『東アジア文化交涉研究』 5號, 關西大學大學院東アジア文化硏究科, 183~184面).
38. 통불교 담론이 확산되었던 양상은 1900년대에 통불교 관련 저술과 강연집이 다양하게 출판되었던 사실에서 알 수 있다. 대표적인 통불교 문헌은 다음과 같다. 井上政共, 1905, 『最新硏究通佛敎』(東京: 有朋館); 井上政共, 1911, 『通佛敎講演錄』(通佛敎講演會事務局); 高田道見, 1902, 『通佛敎一席話』(東京: 通俗佛敎館); 高田道見, 1904, 『通佛敎安心』(東京: 佛敎館); 高田道見, 1906, 『通俗佛敎便覽』(佛敎館); 鈴木法琛, 1908, 『眞宗と通佛敎』(顯道書院); 加藤?堂, 1903, 「通佛敎の原理」, 『大乘佛敎大綱』(東京: 森江書店).
39. 조명제, 2016, 「1910년대 식민지조선의 불교 근대화와 잡지 미디어」, 『종교문화비평』 30, 104~105쪽.

을 거치며, 종파주의를 뛰어넘은 통불교가 한국불교에서 완성되었다고 강조된다.[40] 아울러 한국불교의 독자성, 특징을 보여주는 통불교를 대표하는 인물로 원효가 주목되었다.

이러한 통불교 담론은 인도→중국→일본으로 이어진 불교사관을 인도→중국→한국(종합불교)이라는 구도로 변형되어 제시되었다. 마찬가지로 성철의 중도설은 인도, 중국의 불교사상을 주로 다루면서 궁극적으로 간화선의 정통성이 한국불교에 있다는 논리로 귀결된다. 따라서 성철은 통불교 담론이 제기된 시대적 맥락과 의미에 대한 문제의식이 없다. 나아가 그는 미야모토의 중도설이 어떠한 맥락에서 제시되었는가를 이해하지 못한 채 그대로 수용한 한계를 갖고 있다.[41]

둘째, 성철의 중도관은 일종의 환원론에 빠지는 문제점을 갖고 있다. 불교는 2500년이라는 시간과 아시아라는 세계 공간에서 다양한 문화, 사상, 역사와 접촉하면서 형성되었다. 그러한 불교의 사상과 문화를 감안하면 성철과 같이 불교를 단순하게 하나의 기원으로 환원하고, 중도라는 개념과 틀로 불교의 성격을 규정하는 것이 가능한가? 라는 근본적인 의문을 제기하지 않을 수 없다.

나아가 성철의 중도관은 일종의 근본주의에 빠질 위험성이 내포되어 있다.

---

40. 최남선, 1930, 「조선불교 ─ 동방문화사상에 있어서 그 지위 ─」, 『불교』 74호.
41. 최원섭은 성철의 중도관에 미친 미야모토의 영향이 제한적이며, 『백일법문』이 한문 불전을 주로 활용하였고, 근대불교학의 수용이 방편에 그친다는 반론을 제기하였다(최원섭, 2015, 「백일법문에 보이는 퇴옹성철의 불교 인식과 근대불교학 활용」, 『한국불교학』 75). 최원섭의 반론은 『백일법문』의 중도관과 내용이 대부분 미야모토의 저서에서 비롯되었다는 사실을 무시하고 있으므로 객관성을 확보한 비판이라고 보기 어렵다. 더욱이 그의 글은 성철의 불교관을 시대적 맥락에서 읽지 못하고 있다는 한계가 있다.

성철은 중도라는 초기불교의 핵심적인 교리가 대승, 중국의 다양한 종파, 선불교에 이르기까지 직접 파생되고 이어졌다고 설명함으로써 다양한 문화와 교류, 융합하면서 형성되었던 불교의 다양성을 무시한다.

불교는 다른 보편 종교처럼 하나의 정전(正典)으로 구성된 종교가 아니다. 오히려 불교는 무수한 정전을 제시하였으며, 심지어 위경, 어록을 내놓았다. 이와 같이 불교 텍스트의 다양한 내용과 성격을 중도라는 하나의 개념으로 귀결시키거나 재단할 수 있는가? 더 나아가 성철의 설명 방식은 불교 문헌에 대한 관념적 이해에 그치고 있으며, 다양한 불교 전통의 형성과정에서 불교 문헌이 어떻게 만들어지고 이해되었는가에 대한 사상사적 맥락에 대한 이해가 거의 없다.[42]

셋째, 성철의 중도관은 과거의 통념적인 이해나 편견에 대한 비판적인 시각이 없다. 예를 들어 그의 불교 이해에는 밀교에 대한 설명이 없다. 이성적, 합리적 성격에 초점을 맞춘 근대불교학의 불교 이해에서는 밀교를 주술 내지 미신으로 취급하고 저평가하였다. 이러한 편견과 달리 밀교는 인도, 동아시아의 대승불교에서 정점에 이른 불교이다. 한편, 성철은 소승불교가 붓다의 근본사상에 입각하지 않으므로 정통이 아니라고 평가한다.[43] 이러한 평가는 성철이 소승불교에 대한 편견, 선입견이 어떠한가를 잘 보여준다.

---

42. 성철의 중도관은 1980년대에 일본 불교학계에서 제시된 비판불교와 비슷한 면이 있다. 하카마야 노리아키(袴谷憲昭), 마츠모토 시로(松本史朗) 등에 의해 제기된 비판불교에서 불교는 연기사상이고, 여래장사상(본각사상)은 불교가 아니라는 주장을 제시하여 파문을 일으켰다. 불교의 다양한 교리와 사상을 근본주의적 시각에서 재단하는 것은 신학적인 시각에 다름 아니다. 또한 비판불교는 불교의 복합적인 사상적, 역사적 발전을 무시하고 지나치게 단순화하는 문제점이 있다. 비판불교와 성철의 중도관은 내용이 다르지만 불교의 근본적인 사상이 무엇인가를 하나의 도그마로 제시한다는 점에서 유사하다.

43. 『백일법문』 상, 122~124쪽.

넷째, 성철의 불교관은 깨달음 지상주의라는 입장에서 불교를 바라보기 때문에 오히려 불교를 단순화시키거나 단선적으로 이해하는 문제점이 있다. 불교가 깨달음의 종교라는 기본적인 전제는 무시할 수 없지만, 그것만을 강조하는 것은 불교의 의미를 지나치게 축소시키는 결과를 낳게 된다. 실제 승가나 개인은 깨달음이라는 영원한 이상보다는 개인적, 현실적인 구원이라는 세속적인 이해나 기대 때문에 불교를 믿는 경향이 훨씬 일반적이며, 종교적인 효용성도 크다. 불교는 사상의 중심이 되는 추상적인 이론보다 오히려 붓다와 정토라는 구상적, 구체적인 실천과 구제가 보편적으로 호소하는 힘을 갖고 있다. 성철의 불교관은 이성적, 합리적 불교를 중시함으로써 불교의 종교성이 경시되거나 보이지 않는다.

한편, 미야모토의 중도설은 국가주의 논리, 천황제 이데올로기를 그대로 수용한 것이고, 그 방법론 자체가 새로운 것이 아니기 때문에 일본학계에서 별다른 반응을 불러일으키지 못하였다. 또한 그가 중도설을 통해 불교사상 전체를 파악하고자 한 방식은 무라카미 이후 대승비불설 논쟁에서 사용된 방법론과 차이가 없다. 미야모토가 중도라는 개념을 설정한 것은 그 자신만의 독창적인 체계, 방법론이 아니라 일본 근대불교학의 흐름에서 나온 것이다. 물론 성철은 미야모토의 중도설에서 보이는 국가주의 논리를 수용하지 않았지만, 중도설 자체가 갖고 있는 근본적인 한계에 대해서는 제대로 인식하지 못하였다.

성철의 선종사 인식과 한계

성철은 돈점 논쟁과 법통 논쟁을 통해 선불교에 대한 입장을 분명히 제시하였다. 기존의 연구는 이러한 문제에 대해 적지 않게 다루었지만, 사상사적 맥락에서 선종사 인식에 대한 문제점을 별로 지적하지 않았다. 이 글에서는 성철의 선종사 이해와 인식이 지닌 문제점과 관련하여 몇 가지를 지적하고자 한다.

첫째, 성철은 근대적인 선학의 연구 성과를 어느 정도 알고 있었지만, 자신의 시각과 기준에 따라 취사선택하거나 자의적인 이해를 하는 경우가 많다. 그가 돈황본 선적에 대한 정보를 어느 정도 알고 있고, 스즈키 다이세쯔(鈴木大拙)를 비롯한 선학자들의 저작에 대한 관심을 가졌음에도 불구하고 전통적인 종학으로서의 선학 이해 수준을 탈피하지 못하였다.

근대적 학문으로서의 선종사학 연구는 20세기에 후스(胡適, 1891~1962)의 『신회화상유집(神會和尙遺集)』(1930)에서 처음으로 제시되었다. 후스는 객관적, 합리적인 학문 방법의 도입과 돈황 문헌의 발견에 의해 전등의 계보로서 이야기된 전통적인 선의 역사를 근본에서 다시 쓰는 극적 변화를 보여주었다. 또한 전후 일본학계에서 이리야 요시타카(入矢義高, 1910~1998)에 의해 중국어학에 바탕을 둔 선 문헌 독해가 본격적으로 이루어졌고, 야나기다 세이잔(柳田聖山, 1922~2006)을 비롯한 연구자들에 의해 초기 선종사에 대한 학문적 성과가 이어졌다.

그러나 성철의 저작에서 선을 이해하는 방식은 이러한 연구 방법론이나 연구 성과와 거리가 멀다. 오히려 성철은 1940년대까지 이루어진 선학 연구에서 사료 자체의 진위와 가치를 음미하지 않고 선적에 있는 기술을 나열해 가는 방식의 연구 수준을 거의 그대로 답습하고 있다.

나아가 성철의 선종 정통성에 대한 이해는 전통적인 입장을 그대로 수용한 것이며, 근대적인 선종사 연구 성과와 거리가 멀다. 예를 들어 그가 중시하는 『육조단경』은 신회(荷澤神會, 685~760) 계열에서 자파의 정통성을 주장하기 위해서 혜능 이야기를 모은 것이라는 사실이 밝혀졌다. 또한 신회는 혜능(六祖惠能, 638~713)을 정통으로 만들기 위해 서천 28조설, 전의설(西天 28祖說, 傳衣說)을 날조하였고, 남돈북점설(南頓北漸說)을 자의적으로 만들어 제시하였다. 이러한 주장은 신회가 선종계의 주도권을 장악하기 위한 의도에서 제기된 것이지만, 성철은 이러한 남종선 정통설이나 『육조단경』을 절대시하는 입장을 그대로 받아들인다.[44] 또한 그는 하택신회가 돈오점수를 주장한다고 강조하였다.[45]

이미 선종사 연구에서 밝혀진 바와 같이 북종과 남종의 차이를 강조하는 것은 실제와 다르다. 북종의 선승들은 일체중생에게 본래적으로 불성이 갖추어져 있지만, 그것이 번뇌에 덮여 있다고 보았다. 따라서 수행에 의해 번뇌를 씻으면 불성은 스스로 드러난다고 본 것이 북종선의 기조였다. 또한 남종의 신회는 북종과 마찬가지로 불성을 본래 갖추고 있다는 주장을 부정하지 않았다. 신회는 마음이 본래 묘한 지(知)의 움직임을 갖추고 있고, 망념(妄念)에 의한 방해가 없으면 그대로 완성되어 있다고 보았다. 그는 의식적, 의도적으로 초월적인 가치를

---

44. "『육조단경』은 불법은 중도가 근본이므로 중도라는 근본 입장에서 이탈해서 설법을 했다면 육조의 종지를 잃어버린 사람이다."(『백일법문』 상, 105~106쪽)
45. 『백일법문』 하, 313쪽.

추구하는 것이 오히려 본래심의 작용으로부터 일탈한 행위이고, 망념이라고 보았다. 신회는 불성을 단계적인 수행을 한 후에 도달하는 목표로서가 아니라, 현실에 활동하고 있는 지의 작용이며, 직접적으로 체인하는 것이라고 하였다. 이러한 수행 부정의 사고는 후의 선사상에 커다란 영향을 미쳤다.[46]

또한 초기 선종에서 신수(神秀, ?~706)의 문인 후막진염(侯莫陳琰)의 『돈오진종금강반야수행달피안법문요결(頓悟眞宗金剛般若修行達彼岸法門要決)』에 돈오의 주장이 보인다. 또한 신수 - 보적(普寂, 651~739) 계의 『대승무생방편문(大乘無生方便門)』에도 돈오설이 보인다. 신회는 초기에 돈오점수설을 주장하기도 하지만[47], 그의 발언은 돈오=견성의 긍정에 있었다. 아울러 신회의 주장은 돈오의 제창과 선정의 폐기에 귀결되었다.[48] 따라서 성철이 전통적인 선불교의 입장과 같이 신회를 지해종도를 매도하는 것은 초기 선종사의 흐름을 잘못 이해한 것이다.

둘째, 성철의 선종사 인식에는 사상사적 맥락에 대한 이해가 거의 없다. 그는 육조혜능 이후 남종선의 흐름을 단선적으로 파악하고, 당대(唐代) 선(禪)과 송대(宋代) 선(禪)의 차이를 비롯하여 선사상사의 다양한 흐름을 고려하지 않고 선의 흐름을 단선적으로 이해한다. 그것은 임제선 정통설과 간화선을 기본적인 선수행법으로 바라보는 전통적인 선불교관이다. 이러한 성철의 선불교 이해는

---

46. 小川隆, 2007, 『神會』(京都: 臨川書店) 참조.
47. 『菩提達摩南宗定是非論』[柳田聖山·椎名宏雄, 2001, 『禪學典籍叢刊』別卷(京都: 臨川書店), 94~95面], 小川隆, 위의 책(2007), 69~70面.
48. 小川隆, 위의 책(2007), 108~112쪽.

하나의 절대적인 기준이 되었으며, 돈점 논쟁에서 사상사적 맥락을 무시하는 입장에서 잘 드러난다. 더욱이 그는 현재의 시점에서 마치 역사를 재단하는 신과 같은 심판자의 입장에서 특정 인물에 대한 비교와 평가를 내린다.

그런데 당대 선과 송대 선은 전통적인 선승들의 통념과 달리 뚜렷한 차이가 있다. 당대 선을 대표하는 마조도일(馬祖道一, 709~788)은 마음이 곧 부처(卽心是佛)라고 주장하였다. 그는 수행에 의해 미혹한 마음을 부처의 마음으로 전환하는 것이 아니라 일상의 있는 그대로의 마음이 도(平常心是道)라고 하였다. 이와 같이 수행이 필요 없고, 있는 그대로의 일상을 있는 그대로 긍정하는 사고는 그것에 수반하는 실천의 형태로서 현실의 있는 그대로의 모습을 그대로 이상적 상태로 간주하는 평상무사(平常無事)의 사상을 도출하였다.

또한 마조 이래 당대 선의 특징은 문답을 통해서 수행자에게 스스로 깨닫게 하는 것이었다. 그리하여 선의 사상이 이론으로 집성되는 형태가 아니라 개별적인 일회성의 문답으로 무수하게 기록되었다. 나아가 그것이 어록이라는 형태로 표현되고 전승되었다.[49]

이와 같이 당대(唐代)의 선문답은 수행의 현장에서 우발적으로 나타나는 일회성의 활발한 문답이었다. 이에 비해 송대(宋代) 선문에서는 선인의 문답이 공유된 고전, 곧 공안으로서 선택, 편집되어, 그것을 제재로서 참구하는 것이 수행의 중요한 항목이 되었다. 북송 이후 유행한 문자선(文字禪)은 공안의 비평과

---

49. 小川隆, 2006, 「原典讀解のための基礎知識」, 田中良昭編, 『禪學研究入門 제2판』(東京: 大東出版社), 353~355面.

재해석을 통해 선리(禪理)를 탐구하고자 하는 것으로 구체적으로 대어(代語), 별어(別語), 송고(頌古), 념고(拈古), 평창(評唱) 등이 그 주된 수단이다. 문자선은 북송 초의 분양선소(汾陽善昭, 947~1024)의 『분양송고(汾陽頌古)』에서 비롯되며, 그 정점에 이른 것이 설두중현(雪竇重顯, 980~1052)의 『설두송고(雪竇頌古)』와 그것에 대한 원오극근(圜悟克勤, 1063~1135)의 강의록인 『벽암록(碧巖錄)』이었다.

그런데 원오는 종래의 공안에 대한 해석, 논평의 범위를 넘어서는 강렬한 실천에의 지향을 제시하였다. 원오는 착어와 평창을 통해 신랄한 비평을 더하였고, 그것은 공안 비평이라는 형식에 그친 것이 아니라 무사선(無事禪)에 빠진 송대 선의 흐름을 새로운 방향으로 제시하였다.[50] 당대 선은 본래 있는 그대로의 본성(=佛性)을 강조하므로 수행도 깨달음도 필요 없다고 주장하게 되면서 부정적인 폐단을 초래하였고, 송대 선승들은 이러한 주장을 비판적인 어감에서 무사선(無事禪)이라고 불렀다. 이러한 무사선의 풍조는 송대 선종계에서도 폭넓게 확산되었으며, 그에 대한 비판이 북송 대에 서서히 제기되었다.[51] 한편, 활구의 설이 오대·북송 초에 운문종에서 제기되었고, 임제종의 선승들에게 수용되었다. 그러나 활구의 설도 곧 안이한 통속화로 흘러갔다.

원오는 이러한 선종계의 폐단을 직시하고 무사선을 비판하면서 학인에게 철저하게 대오(大悟)할 것을 요구하여 송대 선의 흐름을 새로운 방향으로 제시하

---

50. 土屋太祐, 2003, 「北宋期禪宗の無事禪批判と圜悟克勤」, 『東洋文化』 83; 土屋太祐, 2007, 「公案禪の成立に關する試論: 北宋臨濟宗の思想史」, 『駒澤大學禪研究所年報』 18 참조.
51. 石井修道, 1976, 「眞淨克文の人と思想」, 『駒澤大學佛教學部研究紀要』 34, 土屋太祐, 2002, 「眞淨克文の無事禪批判」, 『印度學佛教學研究』 51-1.

였다. 원오의 『벽암록』은 북송의 문자선을 집대성하면서, 그것을 간화선으로 전환하는 단초를 연 문헌이었다. 이러한 흐름 속에서 대혜종고는 '무자(無字)' 공안을 통해 학인이 실제 깨닫도록 하는 간화선을 제시하였다. 따라서 송대의 선은 문답의 선이 공안의 선으로 전환되고, 그것이 방법화되어 간화선이 되었다.[52]

이와 같이 송대 선은 당대 선과 다른 흐름이며, 송대 공안선의 전체 흐름 속에서 간화선으로 귀결되는 사상사적 맥락을 이해할 필요가 있다. 그러나 성철은 당대 선과 송대 선의 사상사적 차이에 대한 문제인식이 없다. 그는 단지 간화선을 절대적인 기준에 두고 있으며, 간화선이 송대 선종계에서 등장하게 된 배경과 의미가 무엇인가에 대한 관심이 전혀 없다.[53] 그는 간화선을 깨달음에 이르는 최고의 수행법으로서 받아들이고 초시대적이고 보편적인 선 수행법의 도달점으로 이해하였다.

셋째, 성철이 간화선을 정통으로 보는 불교관은 결국 불교의 위상이나 발전 방향의 축소 아니면 현실인식의 한계로 이어진다. 그가 말년에 대한불교조계종의 종정이었고, 20세기 후반의 대한불교조계종을 대표하는 위상을 고려하면 이러한 한계는 개인적인 문제로 그치지 않는다.

간화선은 동아시아 사상계에 적지 않은 영향을 미쳤지만, 간화선을 정점으로 동아시아 불교는 더 이상의 사상적인 발전이 이루어지지 못하였다. 나아가

---

52. 小川隆, 2011, 『語錄の思想史』(東京: 岩波書店).
53. 지눌의 간화선 수용 문제나 법통설에 대한 이해 문제는 근대 이후의 한국불교사의 아이덴티티 구축과 밀접한 관계가 있다. 성철은 이러한 시대적 배경과 사상적 맥락을 무시하고 현실 불교계의 폐단을 마치 지눌의 사상적 영향력만으로 재단하는 것은 대단히 독선적인 태도이며, 객관적인 비판이 아니다.

간화선이 지닌 역사적, 현실적인 한계도 지적하지 않을 수 없다. 선에서 말하는 깨달음은 그것으로부터 직접 역사적 현실에 참여해야 하는 방법을 찾아내기 어렵다. 왜냐하면 선의 깨달음에는 역사적 형성 작용을 영위할 수 있는 문화적 소재와 사회적 이법의 검토가 행해지는 것이 아니라, 그것들은 오히려 세속적 얽매임으로서 소외하는 경향이 강하기 때문이다. 따라서 선의 폐해를 발생시키는 근본 원인은 인간 실상의 궁극을 살피지 못하고, 깨달음 지상주의에 의해 망령된 무리를 낳을 위험성을 잉태하고 있으며 윤리적 규범이 없는 것이라 할 수 있다.[54]

송대 사상사에서 이러한 선불교의 한계를 비판하면서 새로운 사상체계를 형성한 것이 주자학이었다. 주자학은 선불교와의 대결을 통해 새로운 인간관, 세계관을 형성하면서 결국 선이 가진 현실적, 사상적 한계를 극복하고 새로운 사상체계를 완성하였다. 반면에 불교는 주자학에 대응할 수 있는 사상적인 모색이 이루어지지 못하였고, 동아시아에서 사상적 주도권을 상실하였다.[55]

따라서 불교가 간화선을 정점으로 이론적, 실천적 발전이 이루어지지 못하고 주변적인 위상으로 실추하게 된 역사적, 현실적 결과를 고려한다면 간화선을 절대화하는 수행론이 과연 현재의 불교를 위해 유효한가? 라는 의문이 들지 않을 수 없다. 나아가 성철이 근대불교의 언설을 적극적으로 수용하면서도 결국 전통의 자장에서 탈피하지 못하는 것이 성철 불교관의 한계라고 볼 수 있다.

---

54. 荒木見悟, 1969, 「宋代の儒教と佛教」, 『歷史敎育』 17-3.
55. 조명제, 2004, 『고려후기 간화선 연구』(서울: 혜안), 189~191쪽.

맺음말

일반적인 통념과 달리 불교는 전통불교를 그대로 계승한 것이 아니라 근대에 재구축된 종교·사상이다. 20세기 후반에 등장한 대한불교조계종은 전통의 복고로 보이지만, 이미 구한말 이후에 수용되고 확산된 근대불교의 영향권에서 벗어난 것은 아니다. 마찬가지로 대한불교조계종을 대표하는 성철의 불교관은 표면적으로는 전통불교의 정통성을 강조하지만, 근대적인 세계관, 불교관의 영향에서 결코 자유롭지 않다.

성철의 저작, 법어에서 그가 활용한 문헌이나 언설은 근대불교학의 성과가 폭넓게 수용되었던 사실을 잘 보여준다. 나아가 그가 붓다의 근본적인 가르침으로 돌아가자고 주장하였던 것이나 붓다의 근본 교설을 중도설로 이해하면서 불교를 통일적으로 파악하는 그의 불교관은 근대불교의 영향에서 비롯된 것이다. 아울러 성철이 근대불교를 수용하는 과정은 일본의 근대불교가 사상 연쇄를 통해 식민지조선에 확산된 흐름과 무관하지 않다. 다만, 그의 근대불교 이해는 체계적인 학문적 훈련을 거친 것이 아니라 개인적인 관심사에 따라 이루어진 다양한 독서를 통해 형성되었다.

이러한 양상은 식민지조선의 불교 근대화가 지닌 한계, 전쟁과 분단으로 이어진 현실적인 상황에서 어쩔 수 없는 한계로 볼 수 있다. 특히 이른바 비구·대처 분쟁 이후에 불교계가 끊임없이 종권 분쟁과 함께 낡고 타락한 이미지를 재생산하는 가운데 성철이 독자적인 불교관과 철저한 수행론을 제시한 것은 일정한 의미를 갖고 있다.

다만, 성철의 독선적이고 경직된 불교관이 갖는 문제점과 함께 승가 중심의 전통적인 불교관이 과연 한국불교의 현실이나 미래 방향에 적합한 것인가에 대해서는 논란의 여지가 적지 않다. 특히, 성철의 현실인식이나 실천에서 이러한 한계는 극명하게 잘 드러나며, 그의 불교관과 결코 무관하지 않다고 생각된다.

참고문헌

국문

성철. 1987. 『자기를 바로 봅시다』. 합천: 장경각.

_____. 1988. 『영원한 자유』. 합천: 장경각.

_____. 2014. 『성철스님 백일법문』 상(개정증보판). 합천: 장경각.

이안 스티븐슨. 1996. 『전생을 기억하는 아이들』 상, 하. 송준식 역. 서울: 송산출판사.

조명제. 2004. 『고려후기 간화선 연구』. 서울: 혜안.

_____. 2006a. 「백일법문과 근대불교학」. 『백련불교논집(白蓮佛敎論集)』 16.

_____. 2006b. 「근대불교의 지향과 굴절」. 『불교학연구』 13.

_____. 2014. 「한용운의 『조선불교유신론』과 일본의 근대지」. 『한국사상사학』 46.

_____. 2015. 『선문염송집연구-12~13세기 고려의 공안선과 송의 선적-』. 서울: 경진출판.

_____. 2016. 「1910년대 식민지조선의 불교 근대화와 잡지 미디어」. 『종교문화비평』 30.

조성택 편. 2006. 『퇴옹성철의 깨달음과 수행』. 서울: 예문서원.

최원섭. 2015. 「백일법문에 보이는 퇴옹성철의 불교 인식과 근대불교학 활용」. 『한국불교학』 75.

일문

江島尚俊. 2010.「哲學的佛教研究から歷史的佛教研究へ-井上圓了と村上專精を例として」.『大正大學大學院研究論集』34.

末木文美士. 1993.「『碧巖錄』の注釋書について」.『松ケ岡文庫研究年報』7.

宮本正尊. 1944.『中道思想及びその發達』. 京都, 法藏館.

今村仁司 編譯. 2001.「宗教哲學骸骨」.『現代語譯清澤滿之語錄』. 東京: 岩波書店.

吉永進一 外. 2012.『近代日本における知識人宗敎運動の言說空間-『新佛敎』の思想史·文化史的硏究』. 日本學術振興會科學硏究費助成事業硏究成果報告書 (20320016).

末木文美士. 2013.「大乘非佛說論から大乘佛敎成立論へ-近代日本の大乘佛敎言說」. 桂紹隆·齋藤明·下田正弘·末木文美士 編.『シリーズ大乘佛敎10 大乘佛敎のアジア』. 京都: 法藏館.

柏原祐泉. 1990.『日本佛敎史 近代』. 東京: 吉川弘文館.

西村玲. 2010.「敎學の進展と佛敎改革運動」. 末木文美士 編.『新アジア佛敎史13日本Ⅲ 民衆佛敎の定着』. 東京, 佼成出版社.

石井修道. 1976.「眞淨克文の人と思想」.『駒澤大學佛敎學部硏究紀要』34.

土屋太祐. 2002.「眞淨克文の無事禪批判」.『印度學佛敎學硏究』51-1.

小川隆. 2006.「原典讀解のための基礎知識」. 田中良昭 編.『禪學硏究入門 제2판』. 東京: 大東出版社. 353~355.

_____. 2007.『神會』. 京都: 臨川書店.

_____. 2011.『語錄の思想史』. 東京: 岩波書店.

孫知慧. 2012.「韓國近代における元曉認識と日本の「通佛教論」」,『東アジア文化交渉研究』5號, 關西大學大學院東アジア文化研究科.

宇井伯壽. 1933.「大乘非佛說論の終熄」.『現代佛教-明治佛教の研究.·回顧十周年記念特輯號』105.

田村晃祐. 2001.「井上圓了と村上專精-統一的佛敎理解への努力-」.『印度學佛敎學硏究』49-2.

オリオン·クラウタウ(Orion KLAUTAU). 2012.『近代日本思想としての佛敎史學』. 京都: 法藏館.

井上政共. 1905.『最新研究通佛教』. 東京: 有朋館.

_____. 1911.『通佛教講演錄』. 橫浜: 通佛教講演會事務局.

高田道見. 1902.『通佛教一席話』. 東京: 通俗佛教館.

_____. 1904.『通佛教安心』. 東京: 佛教館.

_____. 1906.『通俗佛教便覽』. 東京: 佛教館.

加藤咄堂. 1903.「通佛教の原理」.『大乘佛教大綱』. 東京: 森江書店.

鈴木法琛. 1908.『眞宗と通佛教』. 京都: 顯道書院.

James Edward Ketelaar. 2006. 岡田正彥 譯.『邪敎/殉敎の明治-廢佛毀釋と近代佛敎』. 東京: ペリカン社.

村上專精. 2011.『佛敎統一論』. 東京: 書肆心水.

土屋太祐. 2003.「北宋期禪宗の無事禪批判と圜悟克勤」.『東洋文化』83.

_____. 2007.「公案禪の成立に關する試論: 北宋臨濟宗の思想史」.『駒澤大學

禪硏究所年報』18.

末木文美士. 1993.「大藏經と辭典の編纂-近代佛敎史學の一側面」.『日本佛敎思想史論考』. 東京: 大藏出版.

下田正弘. 2006.「近代佛敎學の展開とアジア認識」. 岸本美緖 編.『帝國日本の學知 第3卷 東洋學の磁場』. 東京: 岩波書店.

荒木見悟. 1969.「宋代の儒敎と佛敎」.『歷史敎育』17-3.

椎名宏雄. 1993.『宋元版禪籍の硏究』. 東京: 大東出版社.

영문

James Edward Ketelaar. 1990. *Of Heretics and Martyrs in Meiji Japan: Buddhism and Its Persecution*. New Jersey: Princeton University Press.

John G. Fuller. 1976. *The Ghost of Flight 401*. New York: Berkley Books.

Stevenson, Ian . 1980. *Twenty Cases Suggestive of Reincarnation*. Virginia : University of Virginia Press.

지상 논평 & 응답

　일본 근대불교학이 성철의 불교관에 끼친 영향을 살펴보고 성철 불교관의 핵심적인 입문의 문제점과 한계를 고찰한 조명제 교수(신라대 역사문화학과)의 글에 대해 서명원 교수(서강대 종교학과)와 이태승 교수(위덕대 불교문화학과) 등이 논평과 질의를 했다.
　첫 번째 질의의 요지는 "▲ 각주 6에서 인용한 『백일법문』 개정증보판이 어떻게 새로워졌는지, 이 책의 서문에서 밝힌 것처럼 성철의 지눌관이 상당히 새로워졌는지?"(이상 서명원 교수)로 요약할 수 있다.
　이에 대해 조명제 교수는 "▲ 양이 늘었을 뿐 초판과 근본적인 면에서 차이가 없다."면서 "10년 전 발표한 논문에서 성철의 중도설이 미야모토 쇼손의 입론을 근간으로 하고 있음을 밝혔으나 최원섭 박사가 제대로 이해하지 못한 채 비판한 것을 제외하면 그 논문이 제대로 인용된 걸 본 적이 없다."고 밝혔다.
　두 번째 질의의 요지는 "▲ 성철이 일본과 관련된 여러 서적을 참고했다고 하더라도 그 자신의 종교적 확신이 없었다면 '중도사상'을 자신의 철학적 근거로 삼았을까, ▲ 성철은 학문적 혹은 고증학적 고찰에 의거하지 않는 자신의 독자적인 체험과 수행을 통해 선관을 확립한 것이라 생각되며, 이러한 선관이 중심을 이루는 성철의 세계관은 실제 일본 불교와는 거리가 먼 것이 아닐까?, ▲ 중도사상을 중시하였다는 성철의 입장에서 선을 중도사상으로 어떻게 회통시키고 있는지 궁금해지지만 이 글의 기술상에서는 그의 선관은 중도사상이나 일본불교학과는 크게 관련이 있어 보이지 않는다."(이상 이태승 교수)였다.

이에 대해 조 교수는 "▲ 29쪽에서 인용한 것처럼 성철 본인이 '지금까지 어느 누구도 부처님의 중도사상에 대해서 선과 교를 꿰뚫어 설명한 사람은 없을 것'이라고 한 것에서 드러나듯이 성철의 불교관에서 중도사상이 갖는 위상이 잘 드러나고 있으며, ▲ 앞에서 보았듯이 본인이 선포를 한 것에 대해서 제가 옳다 그르다 판단할 필요는 전혀 없다고 생각하고, ▲ 『백일법문』 앞부분에 나오는 대승비불설에 대한 문제의식에 대해 이야기하고 그 뒤로 천태, 화엄선을 이야기면서 선에 대해서는 지루할 정도로 반복하여 인덱스식으로 기술하고 주장하는 것을 제가 입증할 필요는 없다고 생각한다."고 답변했다.

세 번째 질의의 요지는 "▲ 성철이 자부한 것이 중도사상에 관한 설명뿐일까? 라고 하면서 성철 저서 전체를 조금 더 삶 전체적으로 살펴볼 필요가 있을 것 같다."(류제동 초빙교수)는 내용으로 요약된다.

이에 대해 조 교수는 "▲ 성철은 자신의 통불교 담론에 대해서도 자부심이 굉장히 강한 것 같고, 이렇듯 성철이 중도라는 키워드를 강조했던 것도 통불교 담론과 깊은 관계가 있는 것으로 파악하고 있으며, 성철이 1950~1960년대에 집중적으로 일본 불교서적을 구입해서 1967년에 열린 백일법문 때 굉장히 많이 이용하게 되는데 이것은 일본 서적 외에 참고할 책이 별로 없었던 시대적 상황에 따라 어쩔 수 없었던 것이라고 충분히 이해할 수 있다고 생각한다."고 밝혔다.

마지막으로 이태승 교수의 마무리 발언이 이어졌는데, 주요 내용은 "▲ 성철이 돈오돈수의 경계를 말씀하셨지만 이타행 같은 현실적인 이야기도 많이 하셨다는 이야기에 상당히 공감하며, 따지고 보면 이것도 중도의 한 모습으로 이해할 수 있을 것 같고, ▲ 대단한 선승인 출가자에 대한 현실적인 문제를 일반인이 이야기하는 것처럼 바라보는 것에도 좀 무리가 있는 것 같으므로 이런 모습을 중도를 선으로 회향시키려고 하는 출가인으로서의 일면으로 봐도 되지 않을까? 생각한다."는 것이다.

2016년에 개최된 학술대회 당시의 전체 논평과 답변 내용은
서강대학교 종교연구소 누리집에서 다운로드해 보실 수 있습니다.
http://isr.sogang.ac.kr/

CHAPTER 3

성철의 불교정화운동 침묵에 대한 고찰

글 진관스님 (동방문화대학원대학교 연구교수)

성철의 불교정화운동 침묵에 대한 고찰

머리말

통념과 달리 현재의 불교는 전통을 그대로 계승한 것이 아니라 근대에 재구축된 종교·사상이다. 근대 이후 불교의 근대화가 다양하게 모색되었고, 1950년대에 비구·대처 분쟁 이후 대한불교조계종으로 귀결됨으로써 표면적으로 전통불교의 복고로 보일지 몰라도 근대불교의 흐름이 단절된 것은 아니다. 마찬가지로 대한불교조계종을 대표하는 선승으로 알려진 퇴옹성철(退翁性徹, 1912~1993)은 전통적인 선사로서의 이미지가 강하게 각인되어 있지만, 그의 불교 이해에는 근대불교의 그림자가 깊이 드리워져 있다.

서론

지금의 대한불교조계종은 선불교를 중심으로 태동되었다. 8·15 해방 후 한국 불교의 중흥을 위한 노력들이 본격화되었으나 그 길에는 무수한 난제들이 도사리고 있었다. 그중에서도 무엇보다 일본 불교의 잔재를 씻어 내는 일이 급선무였다. 이승만(1875~1965, 재위 1948~1960) 정권 아래에서 선불교를 중심으로 한 선학원 계통의 선승들에 의해 불교정화를 위한 대대적인 운동이 일어났다. 이 개혁운동은 일제 강점기의 불교를 청산하자는 발언을 통해 촉발되었다. 선승들은 특히 선불교를 주장하면서 일본 식민 통치기에 만들어진 불교 교단의 변화를 위해 치열하게 투쟁하였다.

불교정화운동(佛敎淨化運動)은 대한불교조계종의 탄생으로 이어지고 한국 불교의 혁신에 상당 부분 공헌을 했지만, 불교계에 일으킨 분열을 수습하지 못한 채 큰 상처를 남기고 미완의 상태로 끝났다. 가장 큰 원인은 이 운동이 불교계의 자율적인 노력에 의해서가 아니라 정권에 의지하려는 등 타율적인 힘에 의해 전개되었다는 사실에 있다. 선 수행만을 강조한 선승들은 한국 불교의 역사성이나 현실적인 정세의 파악 면에서 무지할 수밖에 없었던 한계를 지니고 있었다.

불교정화운동이 강제로 종결된 이후 거의 반세기에 이르렀지만, 대한불교조계종에서는 아직까지도 이에 대한 평가를 제대로 실천하지 못하고 있다. 대한불교조계종은 과거 일제 강점기하의 30본산(三十本山) 제도를 그대로 전승한 승단의 모습으로 통합종단이 되었다. 교단 내외에서 불교정화의 바람직하지 못한 산물인 대한불교조계종의 종명을 변경하자는 제안이 나오고 있는데, 선승들은 이 문제에 대해 아무런 대안도 마련하지 않은 채 침묵(沈默)하고 있다.

불교정화운동은 비록 여러 문제점들을 야기한 채 미흡한 상태로 중단되었지만, 한국 불교의 중흥과 발전을 위한 노력이었고 성과도 있었다. 이 글은 이 운동의 과정에서 특히 전 대한불교조계종 종정 성철(재임: 1981~1993)이 취했던 자세와 역할을 주목하여 살펴보려고 한다. 아직 불교정화운동과 성철의 관계에 대한 합당한 평가가 이루어지지 못하고 있는 점에 대해 연구자들의 관심을 촉구하기 위해서이다.

선승들은 불교정화운동을 통해 고려시대(918~1392)의 지눌 보조(知訥 普照,

1158~1210)가 주창했던 선불교의 전통을 계승하려고 하였으나 뜻대로 되지 못했다. 오히려 불교정화운동에 방관하고 있던 이들이 권력의 비호에 힘입어 대한불교조계종의 중심에 자리함으로써 불교정화의 정신이 훼손되었다. 그 대표적인 인물이 성철이다. 성철은 선승들이 종주로 추앙했던 지눌 보조의 역사성을 부정한 채 대한불교조계종의 종주는 태고보우(太古普愚, 1301~1382)라고 하였다.

선승들의 불교정화운동에 의해 이승만 정권 때 기존의 불교 교단은 선 중심으로 전환되었으며, 대한불교조계종은 박정희(1917~1979, 재위: 1972~1979) 군사정권하에서 통합종단으로 다시 출범하였다. 봉암사결사(1947~1950)로 신망을 얻었던 성철은 1967년에 해인사 초대 방장으로 추대되었고, 전두환 정권 아래서는 대한불교조계종 종정의 자리에 올랐다(1981). 성철은 불교정화운동에 방관자의 자세를 견지했고, 1980년에 전두환 쿠데타 세력이 광주 민중을 학살하고 10·27 불교법난을 일으켰을 때에도 묵시적으로 동의하는 듯한 태도를 보였다. 그런 성철이 불교 교단의 가장 높은 어른으로 받들어진 것은 정권에 협조적인 자세를 취한 데 대한 보은의 성격을 띤 것이 아닌지 하는 의심을 사기에 충분하다.

이 글은 불교정화운동의 과정과 이에 대한 성철의 행동을 대비하여 살펴봄으로써 앞으로의 본격적인 연구 과제를 제시하고자 한다.

봉암사결사와 불교정화운동의 전개

성철의 출가와 봉암사 결사 1

성철의 속명은 이영주이며 1912년 경상남도 산청에서 출생하였다. 1936년에 25세의 나이로 해인사에서 동산(東山, 1890~1965) 대종사[1]에 의해 승려가 되었고 1938년에 범어사에서 비구계를 받았다. 수행자로서의 성철은 선 수행을 통해 정진하였다. 다음은 그가 승려가 되어 수행한 사찰이다.

> 1944년 慶北 聞慶의 大乘寺에서 安居에 들어가면서부터 8년간 長坐不臥의 苦行에 들어간다. 당시 성철의 長坐不臥는 帶妻僧에 의해 敎學 중심이던 불교에서는 대단한 話題거리가 되어 성철 首座 하면 곧 長坐不臥로 통할 정도로 유명하였다 한다. 이후 1945년 대승사에서 하안거, 대승사 묘적암에서 동안거, 1946년 파계사 성전암에서 하안거, 동안거, 1947년 통도사 내원암에서 하안거, 문경 봉암사에서 동안거를 난다.[2]

---

1. 용성 문하의 아홉 제자로 불리는 동산(東山), 동암(東庵), 인곡(仁谷), 운암(雲庵), 혜암(慧菴), 소천(韶天), 고암(古庵), 자운(慈雲), 동헌(東軒) 스님이 선 수행을 중심으로 수행하고 있는데, 性徹은 용성 문하의 법손이다.
2. 원소, 2008, 「退翁性徹 硏究」, 동국대학교 대학원 불교학과 박사학위 논문, 17쪽.

하지만 출가한 성철이 승려로서의 명성을 널리 알린 것은 봉암사결사를 통해서였다. 1947년에 성철은 봉암사결사를 주도함으로써 그의 존재를 널리 인식시켰다. 성철에 대한 평가는 이 봉암사결사에서의 선 수행에 큰 비중을 두어 이루어지고 있다.

> 1947년 가을에 나는 큰 환상을 안고 문경 봉암사로 갔었다. 우봉스님은 사찰운영의 전 책임을 지고, 보문스님은 10년간 장경 수호에 진력하겠다는 철석같은 약속이었다. 자운스님과 법웅 수좌도 함께 왔었다. 주지로는 보안 노장을 모시고, 십여 대중이 동거하였다. 그러나 칠성각의 철폐, 일반 불공 및 기재의 거부 등으로 막심한 식량난에 빠지게 돼 우봉스님의 노력으로 군에서 다대한 양곡 특배를 얻어서 임시 모면을 하였다. 자운스님은 율장 연구에 여념이 없었고, 신춘이 돼 월산스님 기타 몇 스님들이 더 입주하였다. 나는 하기의 공주규약 초안을 대중에게 제시하고 상세한 설명을 했다.[3]

1947년 가을, 봉암사결사에 참여한 청담(靑潭, 1902~1971), 성철, 자운(慈雲, 1911~1992), 향곡(香谷, 1912~1979), 월산(月山, 1912~1997), 혜암(慧菴, 1920~2001)

---

3. 어현경, 2007, 「봉암사 결사 60주년 기념 기획 ② 봉암사 수행 가풍」, 『불교신문』 (2월 21일).

등 10여 명은 '부처님 법대로 살자'라는 공주규약(共主規約)⁴을 정하고 수행을 하였다. 봉암사결사에 참여한 수행자들 가운데 성철은 주도적인 역할을 수행하였다.

> 1948년 무렵에는 봉암사결사에 참가한 대중들이 증가하였다. 당시에 동참한 대중은 이청담 김향곡 김월산 김법전 이성수 김혜암 등 20여 명에 달했다. 특히 이전부터 공동 수행을 맹세하고 봉암사결사의 창립 동지였던 이청담의 가세는 이성철에게 더욱 큰 힘을 주었던 것으로 보인다.⁵

봉암사결사는 불교의 회복을 위한 운동으로 큰 의미가 주어지고 있지만, 엄격히 평가할 때 구호에 그친 수행이라고 할 수밖에 없다. 이후 지속적으로 행해지지 못하고 단발성으로 끝났기 때문이다.

또한 성철이 교육적 입장에서 승려들의 의식 변화를 시도했다면 승려들에게 불교 학문을 통한 수행의 토대를 마련해 주는 방안을 연구했어야 하는데도 그렇게 하지 못했다.

---

4. 성철스님과 도반들이 '부처님의 가르침에 따라 산다.'라는 취지에 맞춰 개혁불교의 틀을 갖추어 가던 봉암사결사의 정신을 오늘까지 생생하게 전해 주는 문서가 있다 성철스님이 직접 붓을 들어 쓴 일종의 행동지침, 즉 공주규약(共住規約)이다. 성철 스님은 같은 내용을 써 붙이면서 간혹 '공주강칙(綱則)'이라고 쓰기도 했다.
5. 김광식, 2006, 『한국현대불교사 연구』, 서울: 시대불교사, 56쪽.

청담, 성철스님은 1943~1944년 속리산 복천암 및 대승사에서 불교 중흥을 위한 수행을 하고 있었다. 당시 그들은 총림 건설, 괴색 가사 제정, 율장 연구 등 다각적인 승풍 회복을 시도하였다.[6]

성철은 속리산의 복천암과 경북 문경 대승사에서의 수행을 결산하고 대구 파계사 성전암에 칩거[7]하면서 다시 수행에 몰두했다. 그러나 자신의 개인적인 수행 차원에 머물렀을 뿐 봉암사결사를 통해 제시한 불교계의 변화에 관한 관심은 더 이상 보이지 않았다. 이후 성철은 불교정화운동이 활발하게 일어나고 있을 때에도 침묵(沈默)으로 일관하고 참여하지 않았다.

이승만 대통령의 불교정화유시 발표

1954년 5월 21일에 이승만 대통령이 불교정화유시를 발표함으로써 불교정화운동은 정치적인 사건으로 비화되고 말았다. 종교와 정치의 분리는 현대 법정신

---

6. 김용태 외, 2005, 『조계종사』(근대편), 서울: 조계종출판사, 177쪽.
7. 1950년 청담스님과 고성 문수암에서 하안거, 동안거
1951년 고성 운봉암에서 하안거, 안정 천제굴에서 동안거
1952년 천제굴에서 하안거, 마산 성주사에서 동안거
1953~1954년 천제굴에서 하안거, 동안거
1955년 남해 용문사 백련암에서 하안거, 파계사 성전암에서 동안거

이 명확히 규정하고 있는 내용이다. 그럼에도 불구하고 이승만 정권은 불교계의 사태에 노골적으로 개입하는 행위를 서슴지 않았다. 비민주적이었던 이승만 정권은 국민들의 저항에 직면한 위기 극복의 수단으로 불교계의 내분을 조장하고 이를 이용하려고 했다.

    1954년 5월 21일 이승만 대통령의 불교 정화에 관한 제1차 유시가 내려졌다.[8]

대통령으로서 불교계의 혼란에 관심을 둘 수는 있어도 구체적으로 이렇게 저렇게 하라는 권한이 주어진 것은 아니다. 이승만 대통령의 유시가 발표됨으로써 불교계는 더욱 큰 혼란에 휩싸이고 내분의 양상도 격화되었다.

  선학원 측 승려들의 강력한 요구에 따라 총무원 측은 1954년 6월 20일에 태고사 법당에서 중앙종회를 개최하고 종단의 발전상에 대한 논의를 하였다. 그러나 선학원 측에서 바라는 내용들은 제대로 수용되지 않았다.

---

[8]. 1954년 5월 21일 정릉에 있는 경국사 주지되는 김보현 대사는 우리나라에 희귀한 사람이며 귀한 사람이다. 우리가 귀하게 여기지 안흘수 업는 것은 그 절에 드러가보면 동구에서부터 기지와 수목 보유에 전력해서 싸워온 것을 볼 수가 잇스니 어떤 절에서는 주지라하는 사람들이 국가 공유물인 산림을 모도 작벌(作伐)해서 팔아먹엇스며 사찰(寺刹)의 건물들을 파상 누락된 것을 하나도 도라보지 안혼 이런 시대에 이 절에는 죽은 나무 하나도 비치안코 보유해 두엇스며 난리적에 공산군이 이집을 점령해야 된다 는 것이 여러번 이엿스나 (……) 동산문종회, 1998, 『동산대종사문집(서울: 불광출판사), 293~196쪽.

대한불교조계종의 종헌 공포

대통령의 유시를 받들어 불교를 정화한다는 것은 불교계의 입장에서 볼 때 참으로 치욕스러운 일이 아닐 수 없었다. 그러나 당시 이승만 독재정권은 무소불위의 힘을 멋대로 발휘하고 있었다. 내분 상태로 지리멸렬한 상태였던 불교계는 이승만 대통령의 유시를 무시할 수 없었다. 그에 따라 대한불교조계종의 종헌이 공포되었다.

> 1954년 7월 3일 종헌에 대하여 종정의 재가를 얻어 1954년 7월 6일 조계종헌을 공포 시행한다. 대한불교조계종 종정 송만암 종헌 인. 부서 총무원장 박성화 총무부장 신지정 교무부장 안홍덕 재무부장 이운송. 본 종헌 실시에 있어 제1항 및 부칙 제11항 명문에 의하여 전 종헌은 무효로 한다.[9]

1954년 7월 6일에 대한불교조계종 종헌과 종명에 관한 선포가 이루어졌다.[10] 조계종 종헌 제1장 종명 및 종지, 제17장 92조에 대한 시행도 공포되었다.

---

9. 대한불교조계종 중앙기록관, 『불교소송사건 참조자료집』, 129쪽.
10. 불교조계종 종헌 공포에 관한 절차. 1. 단기 4279년 5월 28일 조선불교 교헌 제정 공포시행 2. 단기 4279년 12월 5일 개정 3. 단기 4280년 8월 5일 개정 4. 단기 4284년 2월 25일 개정 5. 단기 4287년 6월 20일 개정 동시 종헌 제정 통과 6. 단기 4287년 7월 3일 종정 재가 7. 단기 4287년 7월 6일 조계 종헌 공포 시행. 대한불교조계종 종정 만암 종헌 인.

종헌 선포문

恭惟컨대 我宗祖 도의국사께서 조계의 정통법인을 飼承하사 加智靈域에서 從權을 높이 揚揚하심으로부터 九山門이 裂開하고 五敎派가 並立하여 禪風敎學이 權域에 미만하였더니 고려의 쇠약과 함께 정치파동이 시초할세 태고국사께서 제종을 포괄하사 조계의 단일종으로 공칭하시니 이는 아국불교의 특색인지라 널리 만방에 자랑할 사실이어니와 아종은 정혜겸수리사 무애를 그 종취로 삼으니만큼 대승불교로서 성불도생에 극치의 종임을 자긍자족하는 바이다. 자 이제 宗名을 公稱하고 宗憲을 制定할제 從來疎忽히 하였던 戒法을 尊崇하고 理判을 推獎하여 內로 正法眼藏을 秘傳錦錦케 하며 外廓의 度生部門을 通開하여 敎化僧團을 鞏固케 하니 此可謂禪敎併傳이 從此面初하겠다. 憲從大衆은 이 憲典의 大猷를 遵守하여 宗團의 基盤을 不磨永續케 할지며 理事圓融하되 六和均一케 하여 我國의 佛日을 萬古光明 長不滅케 할지니라. 삼가 我佛祖의 加護밑에 이後 우리 法孫萬代의 繁榮幸福을 빌며 이 憲章을 널리 世上에 公布하노라.

단기 4287년

불기 2981년

서기 1954년

7월 3일

대한불교조계종 종정: 만암 종헌 인

부서

총무원장: 이종욱

총무부장: 최원종

교무부장: 장용서

재무부장: 이운송[11]

이로써 대한불교조계종은 이승만 대통령의 뜻에 따라 외견상으로는 그럴듯한 종단의 면모를 갖추게 되었다. 본종은 대한불교조계종, 본종의 소의경전은 『금강경』이라고 하였다.

이승만 대통령 유시에 대한 비판

이승만 대통령의 유시에 대한 정당성 문제는 차치하고라도 과연 법적 절차와 효력을 지니고 있는가 하는 점에 의문이 제기된다. 우선 그것이 국가의 최고 의결기관인 국무회의의 의결을 거치지 않았으므로 정부의 공식적인 문서가 아니라는 점이다.

만약 이승만 개인이 자의적으로 유시를 발표했다면 그것은 명백한 권력의 남용이다. 당시 그에 대한 문제점을 제기하지 않은 불교계의 불찰이 크지만 지금이라도 역사적인 사실 관계가 명백히 규명되어야 할 것이다.

---

11. 앞의 책, 132쪽.

종조 문제에 관한 논란

선학원 측의 입장

불교정화운동에 가장 적극적으로 앞장선 것은 비구승의 입장을 대변하는 선학원 측의 승려들이다. 가혹한 탄압이 가해졌던 일본 식민지 시대에 저항하고 불교 개혁을 위해 노력한 대표적인 불교 인물들로는 백용성, 한용운, 만주에서 조선혁명당에 가담하여 수배를 당한 운허스님을 들 수 있다. 불교정화운동은 그들의 저항과 개혁 정신과 맥을 같이하고 있었다.

불교정화운동의 핵심적인 문제로 부각된 것은 대한불교조계종의 종조를 분명히 밝히는 것이었다.

> 조계종조는 고려의 보조국사 지눌이며 태고국사 보우의 법통은 조선 중기의 중관 해안이 위조하였다는 것이다. 이에 이청담 하동산 등이 보조국사 종조설을 강력하게 주장하였다. 전통적인 태고보우 법통설을 따르는 만암은 '이것은 환부역조(換父易祖)'라면서 정화운동에서 손을 떼겠다고 선언하고 백양사로 내려와 버렸다.[12]

---

12. 만암대종사문집간행회, 1997, 『만암문집』(장성: 백양사 고불총림), 426쪽.

선학원 측의 승려들은 보조지눌을 대한불교조계종의 종조로 주장하였다. 이에 대해 만암(曼庵, 1876~1946) 종정은 사퇴 성명서를 발표하였다. 정화의 필요성은 인정하지만 종조 문제에 대해서는 반대한다는 뜻을 밝힌 채 백양사로 물러난 것이다. 경솔하게 거취를 정한 만암 종정에게도 잘못이 있지만, 보다 적극적으로 만류하지 않은 선학원 측 승려들에게도 문제가 있다. 당시 만암 종정이 주장했던 환부역조설(換父易祖說)에 대해 치열한 논쟁을 벌이고 어떻게든지 합의를 도출해 냈다면 이후의 비극적인 분열은 막을 수 있었을 것이다.

만암 종정의 사퇴는 그 누구도 막지 못할 일이었을까. 한국 불교를 바로 세우기 위하여서는 그 어떤 어려움을 극복하고라도 만암 종정의 사퇴를 저지했어야 한다.

> 若此而止則 朝鮮佛敎가 可謂轉宗轉波에 換父易祖의 경우에 達하므로 부득이 現敎團과 絶緣을 聲明하고 오직 佛陀의 大威德의 光明과 半島의 모든 高師碩德의 餘光을 계승하여 一燈이 百千燈을 밝히기를 滿心弘誓하는 精神下에 우선 左記의 若干 同志를 규합하여 舊臘月 八일 佛陀의 成道日을 기하여 古佛叢林 結成式을 거행하고 동명제하에 新發足을 誓願하는 바이다. 佛敎 2974년(1947) 臘月 8일 牧羊山人 宗憲 白[13]

---

13. 종단사간행위원회, 2006, 『태고종사』(서울: 한국불교출판부), 253~254쪽.

만암은 철저한 계율 중심으로 살았던 스님이다. 1947년 고불총림을 세워 불교의 전통적인 수행 방식을 실천하려고 했으며 불교 혁신을 위한 노력도 아끼지 않았다. 만암이 종조 문제로 종정직에서 물러남으로써 불교계의 내분은 수습하기 어렵게 격화되었다. 선학원 측 승려들이 끝까지 만암 종정을 받들려는 노력을 포기하지 않았다면, 불교정화는 정권의 간섭으로부터 보다 자유롭게 자율적으로 이루어졌을지도 모른다.

당시 불교의 종조를 정함에 있어 보조지눌이냐 태고보우냐 하는 것이 그토록 불교계의 사활이 걸린 듯이 다툴 만큼 중요한 문제였을까? 종조가 지눌이면 어떻고 보우면 또 어떻다는 말인가? 그러나 양측은 첨예하게 대립된 채 피차 물러설 뜻을 보이지 않았다. 이는 사실 비구승과 대처승의 입장을 대표하는 대립의 성격을 갖고 있어서 쉽사리 해결될 수 없는 문제이기도 했다.

1954년 8월 24일에 선학원 측에서는 전국 비구승대표자대회를 개최하였다. 이 모임도 대외적으로는 이승만 대통령의 유시에 따른 것 같은 형태를 취하고 있었다.

> 24일 하오 2시 서울 안국동에 있는 대한불교 선리연구원에서 전국 비구승대표자대회를 개최하였다. 이날 열린 동 대회는 지난 5월 20일자 이 대통령으로부터 현재 많은 승들이 처를 거느리고 있으니 이러한 승들은 물러나도록 하라는 요지의 사찰 정화에 관한 특별 담화를 계기로 하여 근 40년 동안 전국 30여 개의 대본산(大本山)을 관리하고 있는 대처승들은 물러나가도록 하고 독신 수도승들이 이에 대신하려는 취지에서 이

번 대회를 열었다고 한다. 동 대회는 앞으로 3일간 계속될 것이라 하며 전국에서 참석한 대표자는 약 60여 명을 헤아리고 있다.[14]

태고사의 교무위원회 측도 불교를 혁신하려는 의지를 갖고 활발한 움직임을 보이고 있었다. 그런데 선학원 측의 승려들이 먼저 조선 불교정화의 기치를 높이 들고 나선 것이다.

> 비구승 전체가 태고사에 가서 總結制를 마치고 태고사에 조계사라는 간판과 불교조계종 중앙종무원 간판을 붙이고 박성화에게 사무 인계를 권청하고 하루빨리 교단 정화를 촉진하라는 명령을 하였으나 끝끝내 합법적이라는 말로 遲延策으로 蹂躪하고 있다.[15]

1954년 11월 10일에 태고사는 조계사로 명칭이 변경되었다. 선학원 측에서는 태고사라는 사명(寺名)을 개조함으로써 태고보우가 아니라 보조지눌이 종조임을 밝히고 아울러 비구승단의 위력을 보이려고 했다. 선학원 측의 승려들은 만암 종정의 존재에 대해서도 단순히 반대파로 규정하고 말았다.

---

14. 편집국, 1954, 「帶妻僧을 反對 比丘僧 大會」, 『조선일보』(8월 26일).
15. 한국불교승단편집위원회, 1995, 『한국불교승단정화사』(서울: 대보사), 122쪽.

법정으로 옮겨진 분쟁

이승만 대통령은 유시 발표에도 불구하고 비구와 대처로 나뉘어 다툼을 계속하는 불교인들이 한심하기 짝이 없고 비판을 받아야 할 존재들로 여겼을 것이다. 이는 독실한 개신교 신자인 이승만 대통령의 입장에서 자연스럽게 가질 수 있는 편견이었다. 이승만 대통령은 다시 담화를 발표하였다.

> 우리나라 불교계의 정화를 도모하기 위하여 일본식 불교를 숙청하고 대한불교에 다시 돌아갈 것을 종용한 바 있었는데, 작 19일 또다시 담화를 발표하여 중앙이나 지방에서는 한국 불교와 일본 불교를 나누어 놓고 일본식 중들은 차차 양보하고 충돌 없이 자발적으로 해 나가도록 권면해야 할 것이라는 점을 또다시 강조하였다.[16]

이에 따라 불교계의 분쟁은 법정으로 옮겨져 법관의 판단에 맡기는 초유의 사태가 발생하였다. 이후 법정 공방은 지루하게 계속되었다. 쌍방이 고소와 고발을 남발함으로써 종단의 소중한 재산이 재판 비용으로 탕진되었고, 승려들의 싸움으로 한국 불교는 국민들의 지지를 잃게 되었다.

1955년 2월 4일 비구 대처 양측 전권 대표 10명은 문교부장관실에서 불교 정화의 기본 문제에 대한 공개토의를 개최하고 승려 자격 문제에 대

---

16. 편집국, 1954, 「大韓佛敎로 돌아가라, 李大統領 佛敎淨化에 다시 談話」, 『동아일보』 (11월 20일).

한 8대 원칙에 합의했다. 여기서 발표된 8개 원칙이란 (1) 독신 (2) 수도 (3) 삭발염의 (4) 불주초육(不酒草肉, 술 담배 고기를 먹지 않는 자) (5) 사파라이(四婆羅夷, 불살생 불투도 불사음 불망어를 지키는 것) (6) 20세 이상 (7) 3명 이상 단체수도생활 (8) 비(非)불구자 등이다.[17]

불교계의 내분을 해결하기 위해 정부에서도 중재에 나섰다. 위의 인용에서 보듯이 승려 자격 문제에 대해 합의가 이루어지기도 했다.

비구승 측에서는 전국승려대회를 열기로 하고 1955년 6월 23일에 대회준비회의를 가졌다. 그런데 그 명단에 이성철이라는 이름이 들어 있다. 실제로 성철이 그 모임에 참석했는지, 그리고 어떤 역할을 했는지는 알려져 있지 않다. 파계사 성전암에 은거한 채 불교정화운동에 무관심했던 성철이기에 이채로운 일이다.

> 1955년 6월 23일 조계사 총무원 사무실에서 대중 50여 명이 오후 5시경부터 8시까지 대회 준비에 대한 예비회의를 개최하여 준비위원 66인을 선출했다.[18]

---

17. 동국대학교 석림동문회, 1997, 『한국불교현대사』(서울: 시공사), 29쪽.
18. 하동산 이효봉 정금오 박인곡 이동헌 김환봉 윤고암 이청담 윤월하 최원허 김완석 박금봉 김적음 김지월 이대의 이대휘 박범용 강석주 손경산 박용화 박성권 서경보 소구산 고경덕 유수본 민청호 문일조 설석우 백경발 김구하 김홍경 김보경 민도광 조금담 유석암 김향곡 이성철 신보문 송만암 국묵담 이석진 임석진 김상호 박대륜 이인홍 정수옥 이성우 박혜연 정성문 박혜옥 정금광 이도진 이향단 유현칙 김혜진 김탄허 마벽초 이춘성 김일도 김고송 구적송 박추담 신소천 정봉화 김지효 김서운 이상으로 대회 개최까지 협조하여 추진을 도모하자는 결의에서 선정하였다. 한국불교승단정화사편찬위원회, 앞의 책, 457~458쪽.

비구승 측에서 일방적으로 전국승려대회를 소집한 것은 그들의 입장에 동조하는 세력들만으로 새롭게 대한불교조계종을 출범하겠다는 선언이었다. 한국불교의 분열은 피할 수 없는 사실이 되고 말았다.

이렇게 새로 탄생한 대한불교조계종에 대해서는 비판의 여지가 적지 않다. 기존의 일본 불교에 의해 창종되었던 종단을 새롭게 하겠다는 취지는 옳지만, 현실에 맞는 불교 연구를 통해 불교 발전을 도모하는 일에 미흡한 점들이 있지는 않았는지 끊임없이 반성해 보아야 할 과제로 남아 있다. 무엇보다 불교를 정화한다고 하면서도 일본 총독부가 제정한 31본산제도를 그대로 답습하고 있는 점에서는 변명의 여지가 없다.

> 右에 대한 이유는 前幹部가 사과하고 現幹部가 출석한 책임은 太古寺를 회복하여 저 反逆徒黨을 淘汰하고 본종의 가풍을 진적으로 發揮하자는 정신이어늘 10개월에 가까운 세월이 경과하였음에도 상금까지 右에 관한 하등의 결과보다 本宗祖를 영원히 埋葬하고 필경에 作亂中 전 사찰을 강점할 兆朕이 策動하는 此日에 무슨 面目을 가지고 본직무에 踞坐하는지 하루빨리 본직을 辭하여 白盤不敏을 사과하고 속히 後繼를 求하여 本宗祖와 겸하여 종풍이 영원히 인멸치 않게 千萬圖謀하기를 勸告함. 本人은 前年 12월 虛位職이라도 辭免을 제출함. 서기 1955년 8월 7일[19]

---

[19] 만암대종사문집간행회, 앞의 책, 241쪽.

이러한 사태 진전에 대해 만암은 종정직을 사퇴할 수밖에 없었다. 앞에서 살펴보았듯이 종조 문제도 사퇴에 큰 영향을 끼쳤지만 선학원 측은 끝까지 사퇴를 만류하는 노력을 기울여야 했다. 그러나 만암 종정을 반대파의 우두머리로 보는 시각에서 오히려 반기지는 않았을까 짐작된다.

미완으로 끝난 불교정화운동과 성철의 침묵

법정 공방과 불교 재산의 망실

이승만 대통령의 불교정화유시는 내용상으로는 비구승 측에 힘을 부여하고 있는 듯이 보인다. 그러나 실제로 진행된 재판에서는 오히려 대처승 쪽에 유리한 판결 결과가 나오기도 했다. 이는 이승만 정권이 정치적으로 중립을 지키는 듯한 인상을 줌과 동시에 은근히 불교 내부의 분란을 조장하고 즐긴 듯한 혐의를 갖게 한다.

> 1956년 2월 9일 오후 서울 시내 청량사(淸凉寺)에서 총무원 측 태고종단 조계종의 권상로 이화응 백대륜 이혼상 정세봉 및 수행원 인홍덕 최원력 윤종근 등이 선학원 측 대표 이효봉 이청담과 만나 사찰 정화와 수

습책에 대한 간담회를 가졌으나 별다른 성과를 거두지 못하였다.[20]

사실 비구승 측과 대처승 측의 지향하는 바는 너무나 달랐기 때문에 공존과 통합의 길을 찾는 것은 지난한 일이었다.

그럼에도 불구하고 불교정화운동이 계속된 것은 의미 있는 일이지만 반성의 여지도 존재한다. 정화의 목적이 어느 한 파벌의 입장만 대변하는 것이라면 그것이 궁극적인 불교의 가치와 발전에 얼마나 도움이 될 것인가? 한국 불교가 지향해야 할 목표를 분명히 인식하지도 못한 채 구호로만 끝나는 것이 아니었던가? 이에 대한 연구와 논의가 제대로 이루어지지 않고서는 불교 분쟁의 해결 방안도 찾아질 수 없다.

1956년 6월 15일 서울지방법원에서는 지난해 8월 11일에 있었던 선학원 측 전국승려대회 개최 결의가 무효임을 판결 언도하였다.[21]

전국승려대회의 개최가 무효라는 서울지방법원의 판결은 비구승 측에 큰 타격이었다. 하지만 그것은 단지 시작이었을 뿐 이후 기나긴 법정 공방을 예고하고 있었다. 이승만 정권에 의지하여 불교정화를 추진했던 선학원 측의 비구승단은 새로운 각오로 재판에 임했다. 특히 전국 각 사찰의 재산 소유권에 관한 소

---

20. 종단사간행위원회, 앞의 책, 356쪽.
21. 위의 책, 362쪽.

송들이 잇달아 제기되었다.

> 1956년 이후 비구, 대처 양측이 제기한 소송은 80여 건에 달하고 있었다. 더욱 사찰 재산이 소송비용으로 남용되는 등, 사찰 관리권 보호 및 쟁취에 막대한 재정이 투입되면서 사찰 환경은 극도로 황폐화되어 갔다.[22]

불교는 수행의 종교라고 말한다. 승려는 세속의 인연과 특히 물욕으로부터 초연한 존재여야 한다. 그러니만큼 사찰 재산을 두고 이전투구 양상을 보이는 불교계의 분쟁이 일반 대중들의 눈에 곱게 비칠 리 없었다. 그러거나 말거나 불교정화운동이라는 이름으로 법정 공방은 끝날 것 같지 않게 계속되었다.

이승만 정권의 노림수

전국승려대회의 유효성에 대해 무효 판결이 난 것을 두고 다양한 해석이 쏟아져 나왔다. 이승만 정권하의 재판관들은 일제 강점기에 일본의 법으로 공부한 사람들이다. 그래서 다분히 일본에 대해 우호적인 태도를 갖고 있었으리라는 해석이 주로 비구승 측 입장을 지지하는 사람들에 의해 제기되었다. 재판관들이 일제 강점기에 정착된 불교 제도를 지지하고 대처승 쪽에 호의적인 판결을 내렸으리라는 추정이다.

---

22. 대한불교조계종교육원 불학연구소, 2005, 『조계종사(근현대편)』(서울: 조계종출판사), 207~208쪽.

1956년 7월 27일에 서울지방법원으로부터 지난 6월 15일에 내려진 선학원 측 소위 비구승들의 전국승려대회 결의 무효 확인 판정에 이어 종정 직권행사 반환 및 가옥명도 청구 소송 본안 판결 확정 시까지 피신청인 (비구승 측) 등 종정 및 조계사 총무원의 직권행사를 정지하고 신청인 (대처승 측)으로 하여금 그 직무를 대행케 한다. 부동산 목록 등에 대하여서는 피신청인(비구승 측)의 점유를 해지하고 서울지방법원 집달리로 하여금 이를 보관케 한다. 단 집달리는 현장을 변경하지 아니하는 조건으로 신청인에 보관시킬 수 있다는 가처분 결정이 내려졌다.[23]

그러나 통합종단(統合宗團) 대한불교조계종(이하 통합종단조계종) 측에 승소 판결이 내려진 것은 이승만 정권의 애매한 태도에서 비롯되었으리라는 것이 보다 사실에 가깝지 않을까? 잘 알려져 있다시피 이승만 정권의 사법부는 정권의 시녀 역할을 수행했다. 정권이 시키는 대로 판결이 나는 일이 비일비재했으므로 정의의 법으로서의 기능을 상실하고 있었다.

이는 불교계의 문제에 대해서도 얼마든지 정권의 뜻에 따라 다르게 법의 심판이 내려질 수 있다는 사실을 의미한다. 이승만 정권은 불교계를 정치적 흥정의 대상으로 삼으려고 했다. 통합종단조계종 쪽에 승소 판결을 내린 것은 비구승 쪽이 고분고분 말을 잘 듣도록 하려는 일종의 길들이기가 아니었을까. 아

---

23. 종단사간행위원회, 앞의 책, 369쪽.

무튼 이 가처분 결정과 함께 비구승 쪽에 협조적이었던 이선근(李瑄根, 1905~1983) 문교부장관이 경질되고, 조계사에 있던 비구승들은 선학원으로 자리를 옮겨야 했다.

> 1956년 8월 14일에 서울지방법원으로부터 지난 7월 27일에 내린 가처분 결정을 취소한다는 판결이 남으로써 태고사의 복귀는 어렵게 되고 말았다.[24]

그러나 불과 한 달도 지나지 않은 사이에 이전의 가처분 결정은 취소되는 판결이 내려졌다. 조계사를 접수하려고 했던 대처승 측은 빈손으로 물러날 수밖에 없었다. 이것은 바로 이승만 정권의 본심이 어디에 있었던가 하는 방증이기도 하다. 이승만 정권은 불교 종단이 그들에게 복종하기를 원했고, 재판을 이용하여 통합종단조계종 후 대한불교조계종 측과 비구승 측 양쪽의 지원을 얻어내려고 하였던 것이다.

불교정화 30년 계획 발표

불교계의 분규 문제를 다루는 재판이 지루하게 진행되고 있는 도중에 만암 종정이 열반에 들었다. 만암 종정은 불교계가 양분되어 다툼을 벌이는 사태에

---

24. 위의 책, 376쪽.

이르지 않았더라면 누구나 존경해 마지않을 큰스님이었다. 불교의 발전을 위해 공헌한 큰 어른이 입적하였는데도 선학원 측의 선승들은 별다른 애도의 뜻을 표시하지 않았다.

> 1957년 1월 16일(음력 1956년 12월 16일)에 태고 문손 조계종 제4대 종정 (해방 후 제3대 교정)이면서 해방 후 부활된 원조계종 초대 종정이었던 만암 종정이 입적하셨다. 그해 3월 17일 묵담 선사가 그 뒤를 이어 새 종정으로 추대되었다.[25]

만암 종정이 열반에 들면서 태고 문손, 다시 말해 대처승 측에서는 기력을 상실하고 말았다. 재판에서도 불리한 판결이 잇달아 내려졌다.

1957년 9월 17일에 내려진 서울고등법원의 판결도 비구승 쪽의 손을 들어 주었다. 그러나 이러한 판결을 두고 비구승 쪽이 마냥 즐거워할 일은 아니었다. 이미 살펴보았듯이 이승만 정권하에서의 재판은 정권의 입맛에 따라 변화하는 무의미한 재판이었다.

그렇지만 재판에 잇따라 패소함으로써 대처승 쪽의 입지는 현저하게 줄어들 수밖에 없었다. 한국 불교계 전체의 입장에서 보자면 참으로 부끄럽고 불행한 일이었다.

---

25. 위의 책, 386쪽.

1957년 9월 17일에는 서울고등법원으로부터 비구승 측이 주장하는 바가 옳다는 판결이 남으로써 태고 문손 총무원이 패소하고 말았다. 지난번 대법원에서 고등법원으로 환송 결정이 난 안건을 고동법원에서 정통파는 비구 측이라는 판결을 내린 것이다.[26]

이로써 오랜 불교계의 법정 싸움에서 비구승 쪽이 확연히 우위에 서게 되었다. 하지만 비구승 쪽이나 대처승 쪽이나 불교계의 분쟁을 법정으로 유도한 것이 바로 이승만 정권이라는 사실을 간과하고 있었다. 이승만 정권의 정치적 타산에 의해 불교계가 조종되고 있었다는 점을 그 어느 쪽도 전혀 알아차리지 못했다.

아무튼 재판에서 이겨 여유를 얻은 비구승 쪽은 불교정화를 위한 야심찬 구상을 내놓았다. 이른바 불교정화 30년 계획이다.

전기 불교 정화 30년 계획에 의하면 우선 대처승을 숙청하여 교단 체계를 확립할 것이라고 하며 이와 동시에 승단(僧團) 정화 등 다음과 같은 원대한 계획을 수립하고 있어 불교 정화에 적지 않은 주목을 끌게 하고 이러한 사실에 대해 23일 문교부 당국에서는 아무런 반영을 보이지 않고 있다. 비구승단 측에서 추진 중에 있는 불교 정화 30년 계획은 대요 다음과 같다.

---

26. 위의 책, 389쪽.

1. 교단 정화(교단 체계 확립과 대처승 숙청)
2. 승단 정화(수도원 사설 사원 정비, 재래 비구 비구니 재수련, 신도 재지도, 현대적 포교)
3. 사찰 정화(경내 숙청, 사설 미신 유사불교 단체 정리)
4. 도의 확립과 생활 안정을 꾀하여 국가 정화를 한다.
5. 국제 도의 확립과 원자력 평화 추진으로 세계평화를 꾀한다.[27]

불교정화 30년 계획은 승단 정화를 위해 우선 대처승을 숙청하겠다는 뜻을 분명히 밝혔다. 그러나 정작 중요한 친일 인사들에 대한 정화 문제는 언급하지 않았다. 이승만 정권은 과거에 친일을 하였던 사람들도 대거 등용하였다. 불교계에서도 이종욱(李種郁, 1884~1969), 권상로(權相老, 1879~1965), 허영호(許永鎬, 1900~1952), 임석진(林錫珍, 1892~1968) 같은 승려들이 이승만 정권에 참여하였다. 친일 인사 처벌과 일제 잔재 청산이 아직도 미해결의 과제로 남아 있는 실정에서 불교계가 앞장서서 반성해야 할 일이다.

그런 만큼 비구승 측의 불교정화 30년 계획에 대해 문교부 측에서도 별달리 이견을 제시하지 않았다.

불교정화 30년 계획은 거창하게 내세운 포부에 비해 이루어진 내용은 미미

---

[27] 한국불교근현대사연구회, 1995, 「신문으로 본 한국불교 근현대사」 상, 267쪽. 그리고 『경향신문』 1957년 9월 24일 자 기사를 참조.

했다. 실제로 불교정화를 구호로 내세운 선학원 측의 승려들은 해인사, 통도사, 범어사에 계단(戒壇)을 설치하는 문제도 해결하지 못했다.

> 1958년 8월 10일 대한불교조계종 제13회 중앙종회가 개최되고 8월 13일 동산 큰스님은 종정에 또다시 추대되었다.[28]

대한불교조계종은 종정을 수시로 교체하는 종회를 여는데, 이 역시 정치적인 변수에 의해 고려되었다는 사실을 부인하기 어렵다. 아직도 종단의 구성원 중 자격을 제대로 갖추지 못한 승려들이 많다.

재판으로 인한 불교 재산 망실

불교는 우리나라에서 가장 오랜 역사를 가진 현존하는 종교이다. 따라서 전국 각지에 소재한 수많은 사찰을 비롯하여 소유 재산이 많다. 그러나 조선시대(1392~1910)의 극심한 탄압으로 교단의 존재가 상실되었고 한일병합으로 이어지는 역사 속에서 불교 재산 관리가 체계적으로 이루어지지 못했다. 해방 후에는 불교계의 분규로 말미암아 재산의 망실이 막심했다.

---

28. 동산문종회, 앞의 책, 390쪽.

대처 비구 간의 불교 분쟁은 아직도 그 종말을 못 본 채 암투가 지속되고 있거니와 20일 대처승 측에서는 경상남도 당국에 비구승이 집권한 이후 현재까지 전국 각 사찰 재산 국보 고적 및 사찰 임야 등 불교계에 가져온 피해액이 무려 6억6천여 만 환에 달하고 있다는 내용의 탄원서를 제출하여 불교 분쟁이 재현하는 듯한 감을 주고 있다. 불교 조계종 총무원장 임석진 씨와 불교 전국 분규 수습대책위원장 이종복 양씨 명의로 제출된 동 탄원서에는 1991년 8월 23일에 비구승 측에서 중앙종회를 개최하고 전국 사찰의 재산관리를 장악하도록 결의하고 비구승의 집권 이후 사찰 재산 국보 고적 문화재는 보존 불능 상태에 이르고 있다고 지적되고 있으며 그간의 손해액은 다음과 같다고 한다.

* 사찰림 벌채권 매각대금 4천9백80만 환
* 사찰 재산 매각 및 파괴 도난 등 기타 6천1백8만 환
* 총액 6억6천1백64만 환[29]

불교정화운동은 불교계의 오랜 적폐를 해소하고 정통성에 기반을 둔 종단체계를 구축하려는 목표를 가지고 있었지만, 오히려 여러 가지 문제점과 부작용을 초래하였다. 무엇보다 자체적으로 문제를 해결하려고 하지 않고 정권에 힘입어 정화를 추진한 나머지 통합보다 분규를 키웠다는 비난을 면하기 어렵다. 그

---

29. 한국불교근현대사연구회, 앞의 책, 271쪽. 『경향신문』 1968년 11월 15일 자 기사도 참조.

과정에서 막대한 불교 재산의 손실이 있었으나 정화운동의 당사자들 중 그 누구도 책임을 지지 않고 있다.

> 1959년 12월 10일에는 제18회 중앙종회가 열렸다. 국묵담 종정 선서를 통해 생각하건데 우리 종단은 부패와 멸망의 도를 거듭하는 위기에 직면하였으니 이는 종단에 내분이 발생하여 六個星霜에 이르도록 일부 반불교적인 무리들의 책략에 의하여 그 해결을 보지 못한 까닭이라 하겠습니다. 그러나 우리들은 불타의 화합정신에 체하여 이의 수습 해결에 만전을 기할 것이며 (……) 다음은 도제 양성과 宗風闡揚을 위하여 전국 우수 사찰을 택하여 선원 강원 율원의 시설을 확장할 것이며 현대적인 대승불교운동을 광범위하게 일으켜 교세를 擴張할 것이며 포교전달 역경사업을 철저히 실천함으로써 종단의 재건과 불일의 再輝에 크게 이바지할 것입니다라고 하여 부처님의 화합정신으로 종단의 내분을 수습 해결할 것과 도제 양성과 종풍 천양 및 대승불교운동 등을 통한 종단의 재건을 촉구하였다.[30]

오랫동안 이어진 법정 다툼의 기간 동안 불교 재산의 피해액은 천문학적인 액수로 증가되었다. 비록 좋은 취지에서 일어난 불교정화운동이었으나 정권에 좌지우지되는 한계를 지녔기에 스스로의 몸에 피를 토하는 격이나 진배없었다.

---

30. 종단사간행위원회, 앞의 책, 394쪽.

박정희 군사정권의 불교계 관장

박정희 정권은 1961년 5월 16일에 일으킨 군사쿠데타로 집권하였다. 쿠데타의 명분으로 그들은 사회 전반에 걸친 구악 철폐와 대대적인 개혁을 공약으로 내세웠다. 내분이 계속되고 있는 불교계도 개혁 대상의 예외가 될 수 없었다. 대한불교조계종이라는 종단을 통제하는 데 있어 박정희 군사정권은 강력한 통치의 면모를 과시하였다.

국가재건최고회의의 조치

박정희 군사정권은 1961년 6월 6일 국가재건비상조치법에 의한 최고통치기구로서의 국가재건최고회의(1961년 5월 16일~1963년 12월 16일)에서 모든 행정에 관한 업무를 수행했다. 불교계에 대해서도 분쟁을 종식시킨다는 명분으로 불교재산관리법을 통과시켜 압박을 가하였다.

> 5·16 이후 종단에서는 불교계가 새로이 거듭나고자 교단을 재건해야 한다는 의지를 굳히고 이른바 종단재건운동을 펼쳐 나가고 있었다. 물론 국가 재건이라는 혁명정부의 시책에 맞춘 것이기는 하나 어디까지나 자발적이고 자율적인 움직임이었다고 할 수 있었다. 그러나 이제 다시 국가재건최고회의라는 새로운 절대권력에 의하여 불교계는 전혀 타의로

불교재건위원회라는 단체에 억지로 묶이게 된 것이다.[31]

국가재건최고회의는 의장, 상임위원회·분과위원회·특별위원회, 실무 지원을 위한 총무처, 대외 선전을 위한 공보실을 두었다. 상임위원회는 의장·부의장과 각 분과위원장으로 구성되어 위임 사항에 대하여는 최고회의의 권한을 대행했다. 법제사법·내무·외무국방·재정경제·교통체신·문교사회·운영기획의 7개 분과위원회는 해당 분야의 기본 정책을 수립하고 국회를 대신하여 국정감사, 예산 심의를 실시했다.

최고회의 기간 중 1,300개의 각령(閣令)을 발표 집행하였고, 헌법 외에도 725개의 법률을 입법 공포했다. 불교 종단의 모든 관계법에 대하여는 국가재건최고회의 문교사회 분과에서 관장하였다.

> 5·16군사쿠데타 직후 쿠데타 세력들은 국가재건최고회의(이하 최고회의로 약칭)를 조직하여 법률의 입안에서부터 내각 인사의 발령에 이르기까지 모든 정책의 결정과 시행을 장악했다. 최고회의를 중심으로 쿠데타 주체세력들이 하나의 동요도 없이 권력에 대한 사심을 버리고 소위 혁명과업의 수행을 위해 매진하는 것처럼 보였다.[32]

---

31. 위의 책, 417쪽.
32. 홍석률 외, 2002, 『박정희 시대 연구』 한국현대사의 재인식 22(서울: 백산서당), 56쪽.

박정희 최고회의 의장은 불교 내분을 종식시키는 모습을 보여줌으로써 그가 탁월한 정치력을 갖춘 지도자라는 것을 국민들 앞에 과시하고자 했다. 불교계를 상대로 한 박정희 군사정권의 태도와 조치는 명료하게 그들의 의도를 드러냈다. 즉, 행정적으로 불교 재산을 통제함으로써 불교계를 그들의 관리하에 두고 지배하려 했다.

통합종단의 태동

박정희 군사정권은 혁명 과업의 수행이라는 명목으로 불교계에 대한 간섭을 노골화하였다. 이승만 정권처럼 배후에서 공작을 펼치는 것이 아니라 문교부장관을 전면에 내세워 불교계가 분쟁을 종식하고 통합종단을 설립하도록 촉구하였다.

> 1962년 1월 20일 문교부장관의 종용에 따라 통일종단의 설립을 위한 불교재건위원회가 구성되었다. 대한불교조계종 종정 하동산과 당시 대처승 측 종정 국묵담이 그 대표가 되었다.[33]

입법을 마음대로 하는 군사정권의 강요 앞에서 불교계는 무력할 수밖에 없었다. 그렇다고 군사정권의 전횡에 대해 불교계 전체가 순순히 따른 것은 아니

---

33. 동산문종회, 앞의 책, 393쪽.

었다. 임석진 대한불교조계종 총무원장은 중앙종회의 편파적인 구성을 비판하면서 총무원장직 사퇴 성명을 발표하였다. 많은 비구승들이 이에 동조하여 저항했지만, 결국 법을 무기로 압력을 가해 오는 공권력 앞에 굴복할 수밖에 없었다.

> 당시 대처승 측을 곤혹스럽게 한 것은 불교재산관리법이었다. 이 법은 1962년 5월 31일 제정 공포하고 8월 22일에 그 시행령을 공포하였다. 이 법의 초점은 불교의 재산관리권과 그 관리인의 등록 인정을 공권력에게 부여한 것으로써 국가는 불교계를 장악할 수 있는 합법적 기반을 마련한 것이다.[34]

1962년 4월 통합종단으로서 대한불교조계종이 새로운 출발을 하였다. 외형상으로는 통합종단이라는 명칭을 갖고 있었으나 비구와 비구승만을 대상으로 한 종단이었다. 이에 반발한 세력들은 1970년 1월 통합종단에서 분리하여 한국불교태고종을 발족하였다.

이처럼 박정희 군사정권에 의해 불교정화운동은 막을 내리게 되었으며, 불교정화를 위한 과업들은 미완성의 상태로 남겨졌다. 불교정화운동의 공과에 대하여는 여러 이견들이 있을 수 있겠지만, 아직도 이에 대한 본격적인 논의와 연구가 미흡한 채로 머물러 있음은 안타까운 일이다.

---

34. 김용태 외, 2005, 『조계종사』(근대편) (서울: 조계종출판사), 226쪽.

성철의 끝없는 침묵

파계사 성전암에서의 은둔

한편 새로운 연구자들의 등장과 함께 성철의 주도로 전개된 봉암사 결사운동이 화려한 조명을 받고 있다. 봉암사의 결사운동이 우리 불교계에서 각별한 의미를 지님은 사실이라고 해도 지나친 평가는 경계해야 할 일이다.

봉암사결사는 미완성인 채 중단되었던 점을 간과해서는 안 될 것이다. 그리고 불교의 근본불학을 연구하는 것이 아니라 간화선에 치중하였다는 점도 지적되어야 한다. 그렇다고 해서 봉암사결사의 의미를 폄훼하려는 것은 결코 아님을 밝혀둔다. 봉암사결사는 혼란기에 갈피를 찾지 못하고 있던 우리 불교계에 새롭게 변화를 시도했던 중요한 결사운동이기 때문이다.

불교계에서의 결사운동은 그 연원이 아주 오래되었다. 중국 진나라 원홍 1년(402)에 여산에서 혜원스님(惠遠, 335~417)과 유유민(劉遺民, 354~410)에 의해 일어난 염불결사운동을 효시로 하여, 신라시대(B.C.E. 57~935) 경덕왕 17년(758)에 발징스님(發徵, ?~?)이 정신(貞信), 양순(良順) 등과 시작한 만일(萬日) 염불결사, 고려시대의 지눌 보조가 1190년(명종 20)에 시작한 정혜결사운동(定慧結社運動), 원묘스님(圓妙, 1163~1245)이 1236년에 결사문을 발표한 천태결사운동, 구한말에 경허스님(鏡虛, 1875~1939)이 실행하려고 했던 미륵결사운동, 성철의 봉암사결사운동으로 그 맥이 전승되어 왔다.

하지만 성철은 봉암사결사에서 불교 회복을 위한 확고한 의지를 보여 주었던 데 비해 이후의 행적은 의아스러우리만큼 개인적인 수행과 은거로 일관하였다. 격변과 고난으로 점철된 우리 현대사에서 불교의 부흥과 발전을 위해 불교정화운동을 주도하였던 이들에 대한 일언반구의 언급도 없이 배려와 관심을 보이지 않았다.

한국 불교는 국가로부터 억압과 탄압을 받으면서도 불교를 지키려고 했던 분들에 의해 역사성과 정통성을 보존해 왔다. 성철은 서산(西山, 1520~1604), 사명(四溟, 1544~1610), 허응당 보우(虛應堂 普雨, 1515~1565), 환성 지안(喚醒 志安, 1664~1729) 선사의 정진을 전승한 경허, 백용성(白龍城, 1864~1940), 하동산(河東山, 1890~1965)의 후학이다. 불교정화를 위한 노력들이 펼쳐지고 불교계가 온갖 어려움 속에서도 선 수행의 실천 공간을 마련하기 위해 애쓰는 동안에도 성철은 파계사 성전암에 은둔하고 있었다.[35]

그러한 행동이 불교정화운동에 참여하여 혈서를 쓰면서 매진했던 동지들에게 누가 되지 않았는지 참회와 반성이 있어야 했다. 그러나 성철은 그에 대한 어떤 의사 표현도 하지 않았다. 오로지 자신의 개인적인 수행에만 몰두했을 뿐이었다.

---

35. 서명원에 따르면 "성철은 1954년에 이승만 정권하에서 왜색불교를 정화하는 운동이 시작되자 이 운동에 참여하는 조건으로 '절 재산을 모두 사회에 내주고 승려는 걸식하며 수행에 힘쓰자.'고 주장하였다고 하는데, 이 주장이 받아들여지지 않아서인지 아닌지 그 이유를 모르지만 은사인 동산이 주도한 정화운동에 불참하였다."고 한다. 서명원 엮음, 2018, 「논평에 대한 답변」, 『일상생활과 수행은 하나(生修不二)』 (서울: 서강대종교연구소, 비매품), 164쪽.

침묵은 묵시적인 동의

해방 후 한국 불교는 끊임없이 국가 권력의 간섭과 탄압을 받아 왔다. 순수한 취지에서 시작된 불교정화운동도 정권의 정치적 타산에 의해 좌지우지되고 본래의 목표를 상실하였다.

박정희 군사정권이 강제적으로 불교 분규와 논쟁을 종식시킴으로써 불교정화운동도 외부의 힘에 의해 종결되었다.

박정희 군사정권이 불교계의 기틀 정립에 공헌한 바도 적지 않았다. 실제로 불교계를 위한 일련의 조치들이 취해졌는데 그 최대의 수혜자가 성철이었다. 1967년 해인총림이 선포되었을 때, 불교정화운동에 조금의 기여도 없었던 성철은 해인총림 해인사 초대방장으로 추대되었다.

박정희 정권의 뒤를 이어 등장한 군부 실세 전두환은 1980년 5월 18일 광주 민중들을 무자비하게 학살함으로써 집권의 길을 열었다. 광주에서 수많은 무고한 이들이 피를 흘리며 죽어가고 있을 때에도 성철은 침묵했다. 해인총림 해인사의 방장 자리에 있을 정도라면 그 불행한 사태에 대해 어떤 형식으로든 의사를 표현해야 마땅했다. 중생이 있는 곳에 부처님이 있으며, 중생을 구하려는 자비심이 없으면 보살이라고 말할 수 없다는 신념으로 광주 민중들의 죽음에 대한 천도의식이라도 지냈어야 한다. 그러나 성철은 완강히 함구한 채 아무런 말이 없었다.

> 뿐만 아니라 1980년 10월 27일에 전두환이 불교법난을 자행했을 때도 외면하였다. 수백 명의 승려들이 군인들에 의해 끌려가서 모진 고문을 당했는데도 그러한 만행에 대해 불교계의 큰 어른으로서 항의 한마디

하지 않았다. 때로 침묵은 묵시적인 동의로 간주된다. 성철의 침묵 역시 전두환 정권에 대한 묵시적인 동조로 보고 있다.[36]

전두환이 무력을 배경으로 국권을 장악한 1981년에 성철은 대한불교조계종 제7대 종정의 자리에 올랐다. 이후에도 성철은 민중이 겪는 고통이나 정치 민주화를 요구하는 목소리들을 외면한 채 '산은 산이요 물은 물이다'[37]라는 중국 선사의 게송을 한가하게 읊조렸을 뿐이다.

결론

본 연구를 통해 불교정화운동이 일어나게 된 동기와 전개 과정을 살피고 이에 대해 성철이 어떤 입장을 취했는지 고찰해 보았다.

해방 후 한국 불교계는 일본 식민지 시대의 불교를 청산하느냐 혹은 그대로 존속시키느냐 하는 문제에 직면하였다. 한국 불교계는 기존의 31본산제도에 의한 기득권 세력과 선학원을 중심으로 선 수행을 목적으로 삼는 대한불교조계

---

36. 전두환이 주도한 국보위 명단에 이영주라는 인물이 고문으로 추대되어 있는지는 확인할 수 없지만, 만약 명단에 있다면 국보위에 참여하였다고 말할 수 있다.
37. 이 논문에 이어지는 서명원의 「선사(禪師) 퇴옹성철의 유산」의 각주 34를 참고.

종[38]이 양립하고 있었다. 선을 수행하는 선승들은 거처조차 마련할 길이 없는 어려운 처지에 놓여 있었는데, 이 문제를 극복하자는 뜻에서 일어난 운동이 봉암사결사였다. 성철은 봉암사결사를 주도하여 수행자로서의 명성을 얻었다.

반면에 사찰에 대한 기득권을 유지한 기존 교단의 본사 주지들은 선승들에게 거처를 마련해 주기는커녕 오히려 핍박과 모욕을 가했다. 이 문제를 비롯하여 불교계 전반의 정화를 위해 불교정화운동이 펼쳐졌다. 이 운동은 백용성의 후학인 하동산과 뜻을 같이하는 선학원 측 선승들 중심으로 전개되었는데, 제자인 성철은 이에 대해 침묵으로 일관했다.

불교정화운동으로 인해 불교계는 교학을 중심으로 하는 파와 선을 중심으로 하는 파로 분열되었다. 이른바 교학원파(派)와 선학원파(派)의 대립인데, 이는 대한불교조계종의 종조를 태고보우로 보느냐 보조지눌로 보느냐 하는 종조 문제의 다툼이고 대처승과 비구승의 대립이기도 했다.

이승만 정권이 불교계의 분규를 정치적으로 이용하려고 한 탓에 이들의 대립은 심화되었고 지루한 법정 공방으로 이어졌다. 그 과정에서 불교계의 많은 재산이 망실되었고, 마침내 불교계의 분열로 귀결되었다. 이처럼 불교정화운동의 여파로 불교계가 뒤숭숭할 때에도 성철은 파계사 성전암에 은거한 채 개인적인 수행에만 몰두하였다.

불교정화운동에 일말의 공헌도 없이 침묵한 성철은 박정희 군사정권 아래에

---

38. 대한불교조계종의 전신은 조선불교조계종이며, 이 단체는 광복과 함께 새로운 사람들에게 종단운영권이 인수되어 조선불교로 제정되었다가, 1954년에 이승만 대통령의 불교정화유시가 발표된 후 대한불교조계종으로 개칭되었다.

서 해인총림 해인사의 초대방장으로 추대되었다. 뿐만 아니라 광주 민중을 무자비하게 학살하고 10·27 불교법난을 일으킨 전두환 시대가 시작되던 1981년에 대한불교조계종 제6대 종정의 자리에 오르기까지 했다.

불교는 수행의 종교이다. 수행에 철저한 것이 비난의 대상이 될 수는 없지만, 민중의 고통을 함께하고 위안을 주는 것 역시 승려에게 주어진 의무이다. 고난과 시련의 시기에 홀로 수행에만 몰두할 뿐 불교계의 변화를 철저히 방관했던 성철이 오히려 불교계 최고의 자리에 오른 것을 정당하고 합리적인 귀결로 보기는 어렵다. 수행자로서 고통이 있는 곳에 내가 있고, 고통이 있는 곳에 보살이 있다는 대자대비심 사상이 상실되었다고 평가할 수밖에 없다.

참고문헌

논문

성철. 2008. 『退翁性徹 研究』. 동국대학교 대학원 불교학과 박사학위 논문.

단행본

김광식. 2006. 『한국현대불교사 연구』. 서울: 시대불교사.

홍석률 외. 2002. 『박정희 시대 연구』 한국현대사의 재인식 22. 서울: 백산서당.

자료

김용태 외. 2005. 『조계종사』 근대편. 서울: 조계종출판사.

대한불교조계종 중앙기록관. 『불교소송사건 참고자료집』.

大韓佛教曹溪宗總務院. 1960. 『李承晩의 不法諭示와 佛教波動의 眞相』. 서울: 대한불교조계종총무원.

동국대학교 석림동문회. 1997. 『한국불교현대사』. 서울: 시공사.

만암대종사문집간행회. 1997. 『만암문집』. 장성: 백양사 고불총림.

서명원 엮음. 2018. 『일상생활과 수행은 하나(生修不二)!』. 서울: 서강대종교연구소(비매품)

종단사간행위원회. 2006. 『태고종사』. 서울: 한국불교출판부.

동산문종회. 1998. 『동산대종사문집』. 서울: 불광출판사.

한국불교승단정화사편찬위원회. 1996. 『한국불교승단정화사』. 서울: 대보사.

한국불교근현대사연구회 편집부. 1995. 『신문으로 본 한국불교 근현대사』 상. 서울: 한국불교근현대사연구회.

신문

어현경. 2007. 「봉암사 결사 60주년 기념 기획 ② 봉암사 수행 가풍」. 『불교신문』(2월 21일).

편집국. 1954. 「大韓佛敎로 돌아가라, 李大統領 佛敎淨化에 다시 談話」. 『동아일보』(11월 20일)

편집국. 1954. 「帶妻僧을 反對 比丘僧 大會」. 『조선일보』(8월 26일).

지상 논평 & 응답

　1947년에 봉암사결사를 주도해 불교쇄신 운동을 펼치다가 6·25전쟁 발발로 무산되는 경험을 겪었던 성철이, 1954년에 내려진 이승만 대통령의 유시와 함께 정치적 사건으로 비화된 선학원 측 선승들 중심의 불교정화운동에는 선승들의 동문이었음에도 불구하고 침묵한 데 이어 10·27법난에도 항의하지 않았던 행동을 살펴본 진관스님의 글에 대해 조명제 교수(신라대 역사문화학과)와 이상호 박사(서강대 종교학과) 등이 논평과 질의를 했다.

　첫 번째 질의의 요지는 "▲ 비구승과 대처승의 분쟁을 대한불교조계종의 정당화로 귀결시키는 것은 설득력이 없으며, 그러한 시각의 연장선에서 성철의 침묵을 비판하는 것도 정당한 비판이라고 보기 어렵다."(이상 조명제 교수)고 지적하는 내용이다.

　이에 대해 진관스님은 "▲ 성철의 그러한 점에 대해 칭찬을 잘하신 것 같고, 이러한 파가 있음을 천만다행으로 알겠다."고 답변했다.

　두 번째 질의의 요지는 "▲ 불교정화운동의 주축인 선학원 선승들이 보조지눌을 종조로 내세운 반면 성철은 후일에 보조지눌을 지해종도로 비판했던 것을 통해 이해할 수 있는 성철의 입장은 무엇인지?, ▲ 성철의 은거와 개인적인 수행정진 때문에 불교정화운동 활동을 하지 않고 군사독재 정권하에서 침묵했다고 해서 국가정권과 직간접적인 연관이 있다고 이야기할 수 있을까?"(이상 이상호 박사)라는 것으로 정리될 수 있다.

이에 대해 진관스님은 "▲ 제 생각에는 선학원이 뿌리인 대한불교조계종의 종정이라면 '나는 태고보우가 종조라고 생각한다'고 해야 하지 않겠나 생각하고 그냥 종정으로 추대된다고 해서 종정직을 수락하면 안 된다고 생각하며, ▲ 현재 한국 불교의 종파가 300개 정도로 난립되고 있는데 대한불교조계종이 중심을 잡을 수 있어야 하고, 동국대 학생들과 중앙승가대 학생들 교육에 총력을 기울여야 미래가 밝을 것이라고 본다."고 답변했다.

이 밖에 류제동 초빙교수(성균관대 한국철학과)는 "▲ 성철이 비구·대처 논쟁에 대해 혜안을 갖고 책임 있게 뭔가를 했어야 하는 게 아닌지, 이 싸움을 말리지 않고 가만히 있었던 것을 과연 금(金) 같은 침묵이라고 할 수 있을까?"라고 지적했다.

이에 대해 진관스님은 "▲ 불교정화운동에 앞장섰던 분이 성철의 스승인 동산스님이었는데 실제 성철이 중도적 입장이었다면 '스님! 다 같이 함께 삽시다'라는 말이라도 해야 하지 않았을까? 하는 생각을 하며, 효봉스님이나 만암스님은 서로 양보하고 인정하자고 했다."라고 답변했다. 그리고 본인은 대한불교조계종에서 머리를 깎았으니 비구 편을 들면서 살아야 되지 않겠는가 하면서 이 글을 썼다고 밝혔다.

한편 청중의 질문으로 "▲ 불교정화운동 때 침묵한 성철이 대한불교조계종의 종정이 된 것은 좀 이해하기 어렵다."는 의견을 제시하자, 진관스님은 "도반스님을 잘 만나서 그렇다고 할 수 있는데, 자운이 1967년에 해인총림의 주지와 방장을 맡아야 되었는데 이 자리에 성철을 추천했으며, 당시에는 이렇게 추천을 받는 분이 바로 방장이 되었으니 전생에 선행이 있었을 것"이라고 답변했다.

2016년에 개최된 학술대회 당시의 전체 논평과 답변 내용은 서강대학교 종교연구소 누리집에서 다운로드해 보실 수 있습니다.
http://isr.sogang.ac.kr/

CHAPTER 4

선사 퇴옹성철의 유산
- 한국돈점논쟁의 정치적 배경에 대한 숙고

글 **서명원**(서강대학교 교수)

선사 퇴옹성철의 유산
(The Legacy of Sŏn Master T'oeong Sŏngch'ŏl)
― 한국돈점논쟁의 정치적 배경에 대한 숙고*

---

* A&HCI 등재 학술지인 *The Seoul Journal of Korean Studies* 2012년 여름호에 게재된 졸고 "Sŏn Master T'oeong Sŏngch'ŏl's Legacy: A Reflection on the Political Background of the Korean Sudden/Gradual Debate"의 영한번역 논문을 독자들의 이해를 돕고자 일반인들도 쉽게 읽을 수 있도록 순화, 개고한 한글본 논문이다. 원문은 졸저 『가야산 호랑이의 체취를 맡았다 ― 퇴옹성철, 이 뭣고?』에서 볼 수 있다.

성철의 유산에 대한 숙고(熟考)

한국 불교는 2012년에는 퇴옹성철(退翁性徹)의 탄생 100주년을, 2013년에는 그의 입적(入寂)[1] 20주기를 축하하였다. 1967년부터 1993년까지 해인사의 방장이었으며, 1981년부터 1993년까지는 대한불교조계종(曹溪宗, 이하 대한조계종)[2]의 제6~7대 종정(宗正)이었던[3] 퇴옹성철은 현대 한국 불교의 가장 대표적인 인물, 그렇지 않다면 적어도 가장 대표적인 불교인물 중의 한 사람임에 틀림없다.[4] 더구나 그는 불교 전통의 큰 개혁가였으므로, 1948년 대한민국(이하 한국) 창건 후 50년간 가장 뛰어난 인물 50인 중 열두 번째로 평가되었다.[5] 한국이 민주화를 이룩한 지 30주년을 향하는 즈음, 이러한 사실들은 성철스님이 현대 한국 불교에 남긴 유산의 영향력에 관하여 중대하게 반추해 보게 한다.

퇴옹성철의 생애와 전서(全書)는 조선시대(1392~1910)와 일제강점기(1910~1945) 동안 전반적으로 퇴조해 온 한국 불교를 철두철미하게 개혁하려는

---

1. 2012년은 경허성우(鏡虛惺牛, 1846~1912)의 입멸(入滅) 100주기이기도 했다. 경허는 조선시대 말한국 선(禪)이 부흥하는 데 크게 기여하였다.
2. 문화관광부에서 2012년 발표한 통계를 기준으로 한국 불교 교단은 265개이다. 대한불교조계종은 그중 가장 크고 힘 있는 곳이다. 문화체육관광부, 2012, 『한국의 종교 현황』(세종: 문화체육관광부).
3. 퇴옹성철은 1991년에 종정으로 재선출되었다.
4. 김종명, 2006, 「성철의 초기불교 이해」, 조성택 엮음, 『퇴옹성철의 깨달음과 수행』(서울: 예문서원), 71~105쪽; Yun, Weoncheol, 2010, "Zen Master Toeong Seongcheol's Doctrine of Zen Enlightenment and Practice, in *Makers of Modern Korean Buddhism*, ed. Jin Y. Park (Albany: State University of New York Press), 199~226 참조.
5. 김현호, 1998, 「정부수립 50주년 50大인물 선정」, 『조선일보』(7월 15일): 1면.

강한 포부를 보여 준다. 그 개혁의 기초는 다섯 가지 주요 원칙으로 요약될 수 있으며, 이 다섯 원칙은 유기적인 전체를 구성한다. 첫째는 석가세존의 가르침으로 돌아가자는 선언이다.[6] 둘째는 그 가르침의 핵심으로서 중도사상(中道思想)을 정의하고,[7] 셋째는 그 핵심을 깨닫는 종교, 즉 불교를 깨달음의 종교로 정의[8]하는 선언이다. 넷째는 완전한 깨달음을 얻기 위한 최고의 방법으로서 간화선 수행(看話禪 修行)을 옹호하며, 마지막으로 깨달음과 수행에 대한 돈·돈(頓·頓)의 접근, 즉 돈오돈수(頓悟頓修)만이 정통이라는 단호한 주장을 가차 없이 선언한다.

이 다섯 가지의 마지막 원칙은 바로 한국돈점논쟁(韓國頓漸論爭)을 촉발시키

---

6. "부처님 법대로 살자"는 1947년부터 1949년까지 퇴옹성철을 비롯한 수많은 승려의 지도하에 추진되었던 봉암사 결사(鳳巖寺 結社)의 모토였다. 그 결사의 정신은 현대 한국 불교의 운명에 상당한 영향을 미치고 있다. 그 결사에 담긴 근본주의적 경향 때문에, 그 영향력은 때로 극단적 논쟁의 여지가 있다고 평가되기도 한다. 조성택, 2011, 「현대 한국사회와 바람직한 승가상」, 『퇴옹성철과 한국불교의 방향』, 성철스님 탄신 100주년 기념 제1차 학술포럼 자료집, 3월 24일[서울: 한국불교역사문화기념관](서울: 대한불교조계종 백련불교재단 부설 성철선사상연구원), 43쪽. 예를 들어, 성철스님은 한국 승려들이 초기불교의 비구들이 사용했던 발우나 법복과 똑같은 복제품을 사용하기를 바랐다. 이러한 예화는 필자로 하여금, 자진하여 고대의 관습으로 돌아가자는 퇴옹성철의 모토가 의미하는 것이 단순한 차원에서의 "부처처럼 살자." 혹은 "부처들이 하듯이 살자." 등이 아니라, 논쟁의 여지없이 "석가세존이 했던 대로 살자."는 것이라고 믿게 하는 이유 중의 하나로 작용한다. 『백일법문(百日法門)』(이 글의 각주 10 참고)에서, 그는 석가세존에 대한 상당한 관심을 보이고 있으며, 석가세존의 삶과 가르침을 자신이 주장하는 개혁의 기초로 사용한다. 또한 같은 책에서 퇴옹성철은 팔리어 경전, 특히 율장(律藏)을 자주 인용한다. 이 모든 것이 그가 산스크리트어도 공부하였다는 사실과 더불어 그의 학문적 관심이 둔황(敦煌)보다 더 먼 서쪽으로까지 미쳐 있었다는 것을 증명한다.

7. 이 원칙은 『백일법문』 두 권 전체에서 상세하게 설명되어 있다. 이 책의 전체 원고를 편집했던 원택의 후기는 읽어보아야 할 특별한 가치가 있다. 퇴옹성철, 1992b, 『백일법문』 하: '성철스님 법어집' 제1집 1권(합천: 장경각), 369~373쪽. 그리고 김경집, 2006, 「성철의 중도관과 실천 방향」, 조성택 엮음, 『퇴옹성철의 깨달음과 수행』(서울: 예문서원)을 참조.

8. 퇴옹성철, 1992a, 『백일법문』, 상: '성철스님 법어집' 제1집 1권(합천: 장경각), 14~27쪽.

는 퇴옹성철 가르침의 초석이 된다.

현대 한국돈점논쟁은 1967년 7월 25일 해인총림의 초대 방장(方丈)으로 추대된 성철스님이 그해 겨울 12월 4일 시작된 동안거 동안 고려시대(918~1392) 중반 이래로 지눌(知訥, 1158~1210)[9]과 그의 계승자들에 의해 지지받아 온 깨달음과 수행에 대한 돈·점(頓·漸) 접근, 즉 돈오점수(頓悟漸修)를 공개적으로 비판하기 시작하면서 야기되었다.[10] 그 이후부터 입적할 때까지, 퇴옹성철은 법문과 저서를 통하여 이 비판을 지눌을 본격적으로 공격할 수 있도록 발전시켰으며, 한국 불교를 개혁하기 위한 노력의 기반으로 삼았다.

---

9. 목우자(牧牛子)라는 호와 사후에 붙여진 불일보조국사(佛日普照國師)라는 시호로도 알려져 있다. 『법집별행록절요병입사기(法集別行錄節要并入私記)』는 지눌의 필생의 역작이며 그의 사상을 배울 수 있는 최고의 자료이다. Buswell, Robert E, Jr., 1983, *The Collected Works of Chinul. Translated with an Introduction* (Honolulu: University of Hawai 'i Press), 262~374쪽; 지눌, 김달진 역주, 1987, 『보조국사전서』(서울: 고려원), 219~338쪽; 보조사상연구원(普照思想研究院, 원장 법정) 엮음, 1989, 『보조전서』(서울: 불일출판사), 103~164쪽.

10. 그 당시 퇴옹성철이 설(說)한 법문의 이름은 '백일법문'(백일간의 가르침)으로 불리는데, 12월 4일부터 이듬해 2월 18일까지 거의 백일 동안 매일 두세 시간씩 설법하였기 때문이다. 이 책은 불교에 대한 폭넓은 입문에 해당하며, 1992년에 700쪽이 넘는 두 권짜리 책으로 출간되었다. 지눌에 대한 비판은 두 번째 권의 마지막 몇 쪽에 있다. 퇴옹성철, 『백일법문』, 하(합천: 장경각), 315~367쪽. 필자의 이 졸고가 영어판으로 실린 이 책의 초판이 발간되고 1년쯤 후인 2014년 11월에 『백일법문』의 개정판 『성철스님 백일법문』이 출간되었다. 개정판에는 지눌스님에 대한 강경한 논조의 비판이 상당 부분 삭제되거나 순화된 것으로 보인다. 퇴옹성철, 2014, 『성철스님 백일법문_ 하』(합천: 장경각), 308~394쪽 참조. 다만 성철스님이 "정법을 모르는 사람"이라고 비판한 "기화상(琪和尙)"의 경우 선문의 문장에서 사람을 인용할 때 처음에는 두 글자를 밝히지만 그다음부터는 두 번째 이름만 밝히는 관례나 염송에 관한 책을 참고하면 『증도가 언기주』를 지은 언기(彦琪)스님과 동일인임을 추정할 수 있음에도 그렇게 하지 않은 점은 의문이다. 혜심·각운, 김월운 옮김, 2011, 『선문염송·염송설화 2』(서울: 동국역경원)과 제월통광 현토역주, 2008, 『증도가 언기주·깨달음의 노래』(서울: 불광출판사)를 참조. 한편 『백일법문』 개정판에서 "기화상은 그다지 드러나지 않은 사람"이며 "기화상의 말을 옳다고 가정해 봅시다."라는 정도로 개고하는 데 그친 것은 범천 언기스님이 "깨달은 바를 스승에게 인가받아야 비로소 깨달아 증득했다고 할 수 있다."고 말했기 때문인지도 모르겠다. 제월통광 현토역주, 위의 책, 29쪽 참조.

이 논쟁에서 나타난 성철스님의 입장은 중국의 대혜종고(大慧宗杲, 1089~1163)와 한국의 태고보우(太古普愚, 1301~1382)를 이어받는 선종의 정통적 계승이, 지눌이 옹호한 교종의 점진주의와는 절대로 양립될 수 없음을 주장하는 데 있다. 그에 따르면, 지눌은 중국의 하택신회(荷澤神會, 668~760)[11]와 그의 후계자 규봉종밀(圭峯宗密, 780~841)[12] 같은 지해종사(知解宗師)[13]로부터 영감을 받았다. 간단히 말해서, 성철스님에 따르면, 살아 있는 부처로 확실히 변모시켜 주는 깨달음인 오후수행불행(悟後修行佛行)[14]이 아니어서 점수(漸修)가 더 필요한 깨달음은 증오(證悟)가 아니라 단지 해오(解悟)일 뿐이다.[15]

지금도 진행 중인 수많은 논의에도 불구하고 인경(印鏡)이 주장하였듯이 퇴옹성철이 돈·돈 접근의 정통성과 돈·점 접근의 비정통성을 증명하기 위해 1981년 출간한 필생의 역작 『선문정로(禪門正路)』[16]의 등장 이래 대한조계종 내에서는 돈·돈 접근이 암묵적으로 막힘없이 널리 통하고 있는 듯하다.[17] 대한조계종

---

11. 또는 670~762년으로 알려져 있다.
12. 하택선종(荷澤禪宗)과 화엄종(華嚴宗)의 오조(五祖).
13. 지해(知解)란 지견해회(知見解會)의 준말. 지견해회란 사량분별, 사유 고찰[이철교·일지·신규탁 엮음, 1995, 『선학사전』(서울: 불지사), 618쪽]. 사고해서 판단하는 것. 사고해서 이해하는 것[길상 엮음, 2008, 『불교대사전』(서울: 홍법원), 2410쪽]. 퇴옹성철의 사상에서 이것은 지극히 경멸적인 용어이다.
14. 졸저, 2017, 「그리스도교 관점에서 조명하는 돈점논쟁」, 『가야산 호랑이의 체취를 맡았다 – 퇴옹성철, 이 뭣고?』(개정판), 81쪽의 각주 17 참조.
15. 증오(證悟)란 진리를 인식하고, 이해함과 동시에 완전히 몸에 익히는 것. 해오(解悟)란 요해 각오(了解 覺悟), 즉 도리를 깨달아 아는 것을 의미한다. 길상 엮음, 앞의 책, 2405, 2755쪽 참조.
16. 원택의 『백일법문』, 하권 후기에 따르면, 『본지풍광(本地風光)』도 퇴옹성철이 집필한 필생의 역작으로 고려될 수 있다. (퇴옹성철, 『백일법문』 하, 372쪽; 김영욱, 2006, 「퇴옹의 간화선」, 조성택 엮음, 앞의 책, 155~156쪽도 참조.
17. 인경, 2011, 『쟁점으로 살펴보는 간화선』(서울: 명상상담연구원), 33쪽.

이 자기 정체성을 선종과 상당히 동일시하고, 한국 간화선의 세계화 캠페인을 활발히 추진하는 것을 염두에 둘 때,[18] 인경의 결론은 깨달음과 수행에 대한 퇴옹성철의 이해가 한국 주류 불교에 폭넓은 영향을 미치고 있음을 가리킨다.[19]

한국돈점논쟁에 관한 의미 있는 문헌들이 제법 출판되었음에도 불구하고,[20] 그들 대부분이 이 논쟁을 주로 선불교와 관련된 교의(敎義)의 문제로 다룬다. 선원의 수좌 공동체와 이 분야를 전공한 학자들이라는 제한된 범위 밖의 세상에서 일어나고 있는 일들과는 무관한 내부 사건으로 다루는 경향이 있다.[21] 이 논문은 그 문헌들을 소개하지는 않는다. 그보다는, 돈점논쟁이 왜 20세기 후반 한국에서 다른 곳에서는 들어 보지 못할 정도로 상당히 고조되는 지경에 이르렀는지 이해하기 위해,[22] 지금까지 학자들에 의해 대체로 간과되어 온 국가조직

---

18. Sŏ, Myŏngwŏn(서명원), 2011a, 「조계종의 간화선 세계화 캠페인에 대한 비판적 고찰(A Critical Reflection on the Jogye Order's Campaign for the Worldwide Propagation of Kanhwa Seon)」, *Journal of Korean Religions*, Vol. 2, no. 1 (March) (Seoul: Sogang Institute for the Study of Religion), 75ff.

19. 2015년 5월 16일 서울 광화문광장에서 열린 '세계평화 간화선 무차대법회'가 그 사실을 재확인해 준다.

20. 강건기·김호성 엮음, 1992, 『깨달음(覺), 돈오점수인가, 돈오돈수인가 ― 돈점논쟁의 역사와 현재 ―』,(서울: 민족사); 박성배, 1983, 『깨침과 깨달음』, 윤원철 옮김(서울: 예문서원). [Park, Sung Bae, 1983, *Buddhist Faith and Sudden Enlightenment* (Delhi: Sri Satguru Press)]; 박성배, 2009, 『한국사상과 불교: 원효와 퇴계 그리고 돈점논쟁』(서울: 혜안); 조성택 엮음, 2006, 『퇴옹성철의 깨달음과 수행』(서울: 예문서원) 참조.

21. 그러나 『퇴옹 성철의 깨달음과 수행』(조성택 엮음, 2006)에 포함된 여러 장(章)은 이러한 경향의 예외로서 주목할 만하다.

22. 정영식, 2012, 「돈오돈수와 조사론/한국 선의 특질」, 『돈점사상의 역사와 의미』, 성철스님 탄신 100주년 기념 제5차 학술포럼 자료집, 3월 29일[서울: 한국불교역사문화기념관] (서울: 대한불교조계종 백련불교문화재단, 동국대학교 불교학술원 종학연구소, 불교신문사), 84쪽.

(polity[폴리티])의 관점에서 이 논쟁을 검토한다. 특히 그 국가조직의 정치적 차원의 관점에서 분석한다.[23] 이 글의 맥락에서 국가조직이란 "한국이라고 불리는 조직된 국가와 이를 이루는 사회, 행정, 정부"를 의미한다.[24] 불교 혹은 다른 여러 종교 전통은 사회를 구성하는 요소로서 국가조직에서 분리될 수 없는 일부분이라는 것은 말할 필요도 없다.[25]

많은 이에게, 이러한 접근은 매우 놀라운 방식일 수 있다. 사실, 모범이 되는 산승(山僧)이셨던 성철스님은 한국의 국가조직과 그다지 의미 있는 접촉을 하지 않았다. 특히 정치와는 더욱 그러했다는 점은 일반적으로 당연스레 받아들여져 왔다. 그러나 그가 이 점을 인지했는지 인지하지 않았는지에 대한 주장들과는 상관없이, 다른 모든 사람이 그렇듯 그 또한 자신이 속한 국가조직의 영향으로부터 완전히 벗어날 수는 결코 없었음을 증명하는 것이 바로 이 논문의 근본적

---

23. 돈점논쟁과 국가조직의 관계에 대한 초기 연구는 서명원, 2007a, 「성철스님 이해를 위한 고찰: 그분의 면모를 어떻게 서양에 소개할 것인가?」, 『불교학연구』 제17호(8월) (서울: 불교학연구회), 43~45쪽에서 살펴볼 수 있다.

24. Collins Cobuild Advanced Learners English Dictionary. HarperCollins, 2004에 수록된 polity[폴리티]의 정의는 다음과 같다: "A polity is an organized society, such as a nation, city, or church, together with its government and administration." 국가조직은 '일정한 공간적 영역을 기초로 하여, 국가 기관의 구성과 그 기능을 지배하는 사회적 질서'를 뜻한다. 인터넷 포털사이트 네이버의 국어사전 참조. Http://krdic.naver.com/detail.nhn?docid=4400400 (2016년 8월 30일 확인)

25. 중국의 경우 송(宋)나라 때부터 오산십찰(五山十刹) 제도를 통해 국가가 불교를 엄격하게 관리하기 시작하였다. 이는 출가승(出家僧)은 황제에게도 절하지 않았던 당(唐)나라 불교에서는 상상도 하지 못할 일이다. 박영재, 2009, 「무문관(無門關)에 대하여, 표문, 서문 및 무문자서」, 선도회 인사동 모임 자료, www.seondohoe.org/257 (2016년 8월 20일 확인) 참조. 무문혜개 선사도 1246년 남송 이종(理宗) 순우(淳祐) 6년 칙령에 따라 항저우에 호국인왕사를 창건하였다. 길상 엮음, 위의 책, 2811쪽; 한보광·임종욱 편, 2015, 『중국역대불교인명사전』(서울: 이회문화사), 438~439쪽 참조. 이러한 전통은 불교가 제도권 안에 머물며 중생을 이롭게 하는 한편 제자들이 수행을 게을리하지 않도록 독려하기 위한 것이었다고 보아야 할 것이다.

인 연구 목적이다. 그렇게 함으로써, 이 연구는 한국돈점논쟁의 의의(意義)를 조명하고, 성철스님의 유산이 현대 한국 불교, 특히 지속적으로 진행돼 온 대한조계종의 한국 간화선 세계화 캠페인에 미치고 있는 영향을 새롭게 밝히고자 한다.

퇴옹성철과 보조지눌의 사상에 해당하는 1차 자료[全書] 및 한국돈점논쟁과 관련된 2차 자료를 직접 접하는 것 외에도, 이 논문은 성철스님과 직접적으로 알고 지냈던 스님들을 비롯한 여러 사람과 진행한 수차례의 면담에 근거를 둔다. 이렇게 축적한 정보들에 의미를 부여하기 위하여 이 글의 두 번째 부분에서는 퇴옹성철과 국가조직의 관계에 대한 질문을 제기한다. 그가 출가하여 은둔함으로써 정치를 피하려고 했었다는 가설도 제시한다. 세 번째 부분에서는 불교가 태동할 때부터 아소카(Aśoka, 기원전 304~기원전 232) 황제에 이르기까지, 항상 국가조직과 그 정치에 어느 정도 연결되어 있었다는 것을 논의한다. 네 번째 부분에서는 중국과 한국의 돈점논쟁 역사가 어떻게 사회정치적 발전과 언제나 긴밀하게 연관되어 왔는지를 증명한다. 세 번째와 네 번째 부분의 결과에 이어, 다섯 번째는 "성철의 도(道, Sŏngch'ŏl's Way[26])"와 퇴옹성철의 길이 선포되던 당시 "국가의 도(Way of the State)" 사이의 여섯 가지 구조적(構造的) 공진점

---

26. Way는 길, 방식, 방법, 방침, 수단, 도(道) 등을 의미하는데, 이 글에서는 도(道)로 번역한다.

(共振點)[27]을 묘사한다. 이 논문은 성철스님이 출가(出家)하여 살았음에도 불구하고 그의 개혁 정신은 당대를 통치하던 세상의 정복자의 정신에 의해 의미심장하게 형성되었다는 것으로 결론을 내린다.

퇴옹성철과 한국의 국가조직(polity[폴리티])

퇴옹성철은 한국의 국가조직과 어떠한 관련이 있었던가? 이 질문에 대답하기 위해서 가장 쉽게 얻을 수 있는 자료들에 대한 검토부터 시작하겠다. 그 자료들은 그와 국가조직 사이에는 어떤 관계도 없다시피 했다거나 혹은 전혀 없었다는 결론을 지지하는 것으로 보인다.

성철스님은 "가야산의 호랑이"라는 별명으로 불렸다. 이는 그가 1967년 이래로 전화기, 라디오, 텔레비전도 잘 사용하지 않은 채 그의 삶의 대부분을 보냈던

---

27. Point of structural resonance는 구조적(構造的) 공진점(共振點) 혹은 구조적(構造的) 공명점(共鳴點)으로 번역할 수 있는데, 이 글에서는 '구조적 공진점'을 선호한다. 그 이유는 공진(共振)이 '진동체에 그 고유 진동수와 동일한 진동을 외부로부터 가했을 때, 매우 큰 진폭으로 진동하는 현상'을 뜻하기 때문에 물리적이고 객관적인 현상을 설명하는 데 적합한 반면, 공명(共鳴)은 이에 더하여 '남의 행동이나 사상 등에 깊이 동감하는 것'이라는 의미도 포함하므로 맞장구를 치는 듯한 뉘앙스가 내포될 수 있기 때문이다. 김상형·김민수·고영근·이숭재·임홍빈 편, 1993, 『금성판 국어대사전』(서울: 금성출판사), 247, 263쪽. 공진에 대한 필자의 관점에 찬동하는 입장에서 이 글을 지지한 이상호, 2014, 「서명원의 '성철논문' 논란 재(再)점화될까? 불교학자 '비판'에 서강대 박사수료생 '반박'」, 『미디어붓다』(7월 7일). http://www.mediabuddha.net/news/view.php?number=10871 (2016년 2월 5일 확인)를 참조.

해발 900미터의 깊은 산중에 자리 잡은 백련암(白蓮庵)이 위치한 가야산의 이름을 따라 지은 것이다. 이 사실로 미루어 판단하건대, 사람들은 자연 속에서 염세적이고 모질게 살아가는 존재로서 산 아래 세상에서 일어나는 일들에 대해서는 알지 못하는 성철스님을 쉽게 상상할 수 있다. 실로 그의 행동 중 일부는 기이하게 여겨질 수 있다. 17년 동안 같은 이쑤시개를 사용한 것, 평생토록 여러 조각을 덧댄 낡은 옷을 입은 것, 석탄일 봉축을 거부한 것, 자신이 살던 높은 산속 암자의 목조 건물을 보수하지 않아서 열반 얼마 전에는 방의 일부가 무너질 정도였다는 것이 그 예이다.[28]

이렇듯 흥미로운 일화들과 퇴옹성철의 죽음을 전후하여 소개되었던 다른 많은 이야기는 그에 관한 전설이 형성되는 데 기여하였다.

그러나 성철스님은 이러한 전설 외에도 자기 자신과 세상 사이에 높은 벽을 쌓았던 인물로 잘 알려져 있다. 승려가 되기 위해 집을 나온 후에, 그는 부인과 딸들을 비롯한 가족과의 연락을 일체 끊었다. 그는 자신을 찾아온 어머니를 향해 돌을 던졌다. 부인 이덕명이 같은 일을 시도했을 때, 그 정체를 아무에게도 밝히지 않은 채, 시자들에게 "저 미친 여자"를 사찰 밖으로 데리고 나가라고 외쳤다. 둘째 딸이 난데없이 자신 앞에 소개되었을 적에는 "나가!"라는 소리를 질렀다. 1951년, 그가 한국 전쟁의 혼란을 피해 부산 근처에서 피난민으로 지낼

---

[28] 퇴옹성철이 살아 있는 동안 백련암에는 단청(丹靑)이 없었다. 필자가 원택스님을 만나 뵈었을 때, 원택스님은 백련암이 무너지는 것을 본 적이 없었다고 들려주었지만 그렇게 적힌 자료를 읽은 적이 있다고 반문하자 아무런 대답이 없으셨다. 백련문도회 엮음, 1995, 다큐멘터리 『스님, 성철 큰스님』, 전5편, VHS(제작: 리즈프로) 대본집, 89~91쪽.

때, 자신을 친견하기 위해 찾아오는 사람들에게 부처님께 최소 삼천 배를 올리라고 요구하기 시작했다.[29] 1955년부터 1963년까지 파계사(把溪寺)의 성전암(聖殿庵)에서 지내는 동안, 그는 봉암사 결사에 막내로 참여했던 한 명[30]에게 이 암자를 철조망으로 두르라고 명령했다.[31] 박정희 대통령(1917~1979)이 1978년에 해인사를 방문했을 때, 퇴옹•성철은 대통령을 영접하러 내려오는 대신 제자 한 명을 산 아래로 보냈다. 10•27 법난(1980년) 당시,[32] 젊은 스님들이 성명서를 발표해야 한다고 종용했음에도 성철은 침묵을 유지했다. 그가 1981년 1월 10일 대한불교조계종의 종정으로 추대되었을 때 이를 수락하기는 했지만, 1월 20일에 서울 조계사에서 열린 제6대 종정 취임식에는 참석하지 않았고,[33] 대신 그 이후로

---

29. 당시 그는 경상남도 안정사(安靜寺) 근처에 자신이 지은 천제굴(闡提屈), 다시 말해서 일천제(一闡提, icchantika)의 토굴이라고 이름 붙인 오두막에서 살았다. 일천제란 선천적으로 부처님이 될 가능성을 갖지 않은 자를 의미한다. 길상 엮음, 앞의 책, 2158쪽.

30. 2002년 4월 4일에 대한불교조계종(이하 대한조계종)의 제11대 종정으로 임명된 도림법전(道林法傳).

31. 사람들은 이 시기 동안 퇴옹•성철이 장좌불와(長坐不臥), 즉 눕지 않고 앉아서 수행을 했다고 믿는다.

32. 10•27 법난(十二七 法難). 그날 새벽 2시에 3만 명의 경찰과 군인들이 대한조계종 총무원과 전국의 모든 주요 사찰과 사원에 침입하여, 총무원장인 송월주(宋月珠)를 비롯한 46명을 체포하고 상당한 양의 중요 문서를 압수했다. 전두환 정권은 이러한 침입에 대하여 '불교가 알아서 스스로를 개혁할 수 없다는 것을 몇 번이고 되풀이해서 증명했기 때문에 한국 불교를 정화하였으며, 이는 남한 사회에 대한 더 큰 정화운동의 일환'이라고 정당화하는 주장을 펼쳤다. 원택에 따르면 성철스님은 백련암을 침입했던 두 명의 젊은 군인들에게, "산으로 아침 산책을 가셨다."고 말한 덕분에 가까스로 체포되는 것을 피했다고 한다. 원택, 2001b, 『성철스님 시봉(侍奉)이야기 2』(서울: 김영사), 136~138쪽 참조.

33. 진월, 2008, 「한 불교인의 사례를 통한 자기반성」, 한국기독자교수협의회와 한국교수불자협의회 엮음, 『현대사회에서 종교권력 무엇이 문제인가』(서울: 동연), 219쪽.

널리 알려진 취임 법어를 남겼다. "산은 산이요, 물은 물이로소이다."[34] 그가 전두환 통치기(1980~1988) 당시 국장사무위원회(局長事務委員會)[35]의 위원으로 임명되었을 때도 마찬가지였다. 그는 임명을 받아들였지만 관련 회의에는 참석할 뜻이 없음을 분명히 밝혔다. 교황 요한 바오로 2세(1920~2005)가 1984년에 한국을 공식 방문했을 때, 성철스님은 서울에서 만나자는 그의 초대를 거절했다고 한다.[36] 1987년 민주화 운동의 절정의 순간에 젊은 승려들은 당시 한국 불교의 가장 큰 거목이던 그에게 민주화 운동을 옹호해 주는 성명서 발표할 것을 요청하였다. 그는 "내가 말 한마디 한다고 세상이 바뀌나. 또 내 말을 들을 사람(정치 지도자)이 없는데 누구한테 무슨 말을 하란 말이고?"[37] 그 이듬해 초, 국회의원을 비롯하여 요직에 있는 각종 불교 단체장들이 그에게 다시 무언가를 말해 주길 청했을 때, 그는 말했다.

---

34. 이 법어는 아마도 퇴옹성철의 종정 임명이 그가 살고 있던 산과 자신을 동일시하는 고행자로서의 삶에 어떠한 주요 변화도 일으키지 않으리라는 것을 의미했던 것 같다. 이 법어는 성철스님으로 인하여 유명해졌지만 그가 처음 말한 것은 아니다. 운문(雲門, 864~949) 선사의 어록, 『금강경 오가해(金剛經 五家解)』에 수록된 야보도천(冶父道川, ? ~ ?) 선사의 선시 "산시산 수시수 불재하처(山是山 水是水 佛在何處)" 등 중국의 선사들의 법어와 고려시대의 나옹혜근(懶翁惠勤, 1320~1376) 선사의 참선 시에도 등장한다. 더구나 불자 방석영은 자신의 sns에서 "종정 취임 당사자인 성철스님과는 무관한 (법어)"라고 하면서 "당시 총무원장이던 성수스님이 언론사들의 보도자료 요청에 따라 '山是山(산시산) 水是水(수시수)'를 종정 취임 법어에 삽입해 건네줌으로써 인구에 회자되기 시작했다는 사실"을 이 법어에 얽힌 뒷이야기로 소개하였다. 이러한 글들을 인터넷 검색을 통해 어렵지 않게 접할 수 있다. 방석영 2016년 6월 28일 자 포스팅, https://www.facebook.com/profile.php?id=100001818040949&fref=pb&hc_location=friends_tab&pnref=friends.all (2016년 8월 11일 확인).
35. 이 위원회는 저명한 인사들의 모임이었음에도 불구하고 영향력이 약했다. 이 위원회를 당시 상당한 권력을 행사했던 입법위원회(立法委員會)와 혼동해서는 안 된다.
36. 원택스님에 따르면, 백련암에서는 바티칸의 초대와 관련한 연락을 못 받았다고 한다.
37. 원택, 2001b, 앞의 책, 214.

"요새 자꾸 내 보고 민주주의 장사하라카는 거라! 민주화니 뭐니 하는 얘기가 여기까지 오는 거 보면 시끄럽기는 되게 시끄런갑제. 국회의원 여러분들, 생각해 보소. 절집은 수행하는 데고, 국회의원은 정치하는 사람들 아이요. 서울 가거든 정치 잘 해갖고 인자 나보고 민주주의 장사하라는 말 안 오게 좀 해주소."[38]

마지막으로, 스스로 자신을 사기꾼이었다고 장엄하게 언명했던 퇴옹성철의 열반송(涅槃頌)은 자신과 국가조직 사이에 극복할 수 없는 장벽을 설정하려는 그의 마지막 시도로 이해될 수도 있다.

한평생 남녀 무리를 속였으니,
하늘 가득한 죄업이 수미산[39]보다 높네.
아비지옥에 산 채 떨어짐 한스럽기 짝 없는데
수레바퀴 붉음 토하며,[40] 푸른 산에 걸렸네.[41]

---

38. 위의 책.
39. 불교의 우주론에서 가장 높은 산이며 세상의 중심.
40. 태양면 혹은 법륜(불법의 바퀴).
41. 생평기광남여군(生平欺狂男女群), 미천죄업과수미(彌天罪業過須彌), 활함아비한만단(活陷阿鼻恨萬端), 일륜토홍괘벽산(一輪吐紅掛碧山); 졸저, 2017, 앞의 책, 44쪽의 각주 18 참조. 위의 국문 열반송은 한양대 국어국문학과 정민 교수가 졸저에 실린 『고경』판 한글 열반송을 읽고, 시의 가락에 맞추어 고쳐 보내온 것이다.

이러한 예들은 그의 별명인 가야산의 호랑이라는 의미에 부합하여 퇴옹성철이 국가조직과 관계되는 것을 단호하게 거부했음을 확증해 주는 듯하다. 그럼에도 불구하고 그에 대한 그림의 완성도를 더욱 높이기 위하여, 이제 앞에서 살펴본 위대한 스승의 면모와는 정반대되는 점을 시사하는 자료들을 간결하게 묘사하도록 하겠다.

의심할 나위 없이 독서, 그리고 비록 제한적이긴 하지만 몇몇 사람들과의 직접적인 교류는 가야산의 호랑이를 국가조직과 접촉하게 했다. 이영주(李英佳, 성철스님의 속명)는 알려진 바에 따르면 좋지 않았던 건강 탓에 초등학교 이후로 상급학교에 진학할 수 없었지만[42] 그는 어린 시절부터 자청하여 글을 읽었던 열정적인 독학자였다. 십대 나이에 그는 쌀 한 가마니와 책들을 교환하였고;[43] 그가 입적한 뒤 백련암에서 발견된 책이 차 두 대 분량이었다는 소문이 있다.[44] 그는 자신의 생애 중 적어도 어느 한 시기에는 시사주간지인 『타임(TIME)』지를 구독하기도 했다.[45] 이러한 책 읽기와 만남의 결과로 세 가지 예를 들어 본다. 첫째, 종교에 대한 과학의 도전에 응하기 위하여, 그는 불교와 아인슈타인의 상대성 이론이 조화를 이루도록 했다. 둘째, 자신의 글쓰기 수준을 향상시키기 위해서, 특히 『돈황본 육조단경』의 현토·편역을 집필할 때, 역사 비평적 연구법

---

42. 백련문도회 엮음, 앞의 대본집, 24쪽.
43. 위의 대본집, 25쪽.
44. 더 정확하게는 "봉고차" 두 대.
45. 그 주간지를 읽을 수 있는 유창한 영어 실력을 어디서 어떻게 익혔는지는 명확하지 않다. 그러나 그가 아주 오랜 시간 동안 고독 속에서 지냈기 때문에, 우리는 그가 자습서를 최대한 활용했으리라고 추측할 수 있지 않을까 싶다.

을 적용하려고 애썼다.[46] 셋째, 다른 사람들을 위한 그리스도교의 사회 운동과 기도의 전통을 발견한 그는 이로부터 감명을 받아 불교도 발원 운동이 조직되는 것을 도왔다. 이 운동은 부처님 앞에서의 절 수행을 기본으로 하였다. 그리고 비밀리에 부산 지역의 빈민가에 사는 가난한 사람들을 도와주라고 장려하기도 했다.[47] 불교의 전통을 현대 사회에 맞추어 개선하려는 노력 이외에, 가야산의 호랑이가 한국 불교의 사찰 생활을 개혁하기 위해 쏟았던 아낌없는 노력도 역시 기억해야 한다.[48] 이 사례들에 앞서 제시한 것과 극명한 대조를 이루는 이러한 예들의 의미는 매우 깊어서 우리가 가야산의 호랑이가 국가조직과 잘 연관되어 있었다는 결론을 내리도록 허락한다.

국가조직과 연결된다는 것 혹은 그로부터 단절된다는 것, 이렇듯 상반되는 결론들을 조화롭게 하기 위하여 위대한 종교의 창시자와 같은 모든 탁월한 인물들은 매우 대조적이거나 갈등을 유발시키는 경향을 특징적으로 보여주며, 그것이 그들의 생애 내내 복합적으로 상호작용함을 인정하는 것으로 충분할 것이다. 학자들이 퇴옹성철만 예외인 것처럼 인정하면서 그렇게 하지 못하는 것은

---

46. 퇴옹성철 현토·편역, 1987, 『돈황본 육조단경(敦煌本 六祖壇經)』, '성철스님 법어집' 2집 1권(합천: 장경각), 17~19쪽.

47. Sŏ, Myŏngwŏn(서명원), 2004, "La vie et l'oeuvre du Maitre Sŏn Master T'oeong Sŏngch'ŏl 退翁性徹(1912~1993)," (퇴옹성철 선사의 생애 및 전서), PhD diss., Universite Paris 7 Denis Diderot. UFR LCAO [프랑스 파리 7 — 드니 디드로 대학교 박사학위논문(동양학과 한국불교학 전공)], 50쪽을 참조; 퇴옹성철의 "은덕(隱德)"은 그가 열반하기 전 몇몇 재가 불자들이 어느 기자에게 말함으로써 드러나게 되었다고 한다.

48. 김광식, 2006a, 「이성철의 불교개혁론」, 조성택 엮음, 『퇴옹성철의 깨달음과 수행』(서울: 예문서원), 252~254쪽; 김광식, 2006b, 『한국 현대불교사 연구』(서울: 불교시대사), 367~409쪽에서도 같은 챕터를 찾을 수 있다.

퇴옹성철이 누구였는지에 대해 귀 기울일 만하지만 놀랍도록 모순적인 해석들을 초래할 것이다. 예를 들어, 어떤 이들은 원효(元曉, 617~686)가 그러했을 것처럼 성철스님도 국가조직으로부터 자신을 의도적으로 단절시키고자 했다는 믿음을 통하여 그의 숭고하고도 강한 면모를 본다.[49] 다른 어떤 이들은 그가 동시대인들이 살아가는 파편적이고 의미 없는 국가조직을 초월하는 의미의 체계(意味의 體系)[50]를 창조했다고 말한다.[51] 그럼에도 불구하고 또 다른 이들은 그가 국가조직에 연결되기 위한 노력을 아끼지 않았다고 결론 내린다.[52] 다만 이 저자들은 이렇듯 시사하는 바가 많은 결론들을 도출하기 위하여 모든 자료들을 통찰해 앞뒤가 맞게 이해하려고 시도하지는 않는다. 대신 사용할 수 있는 정보의 일부분에 초점을 맞추는 경향이 자주 나타난다. 그러나 만약 위에서 제시한 두 범주의 예들의 내용으로 미루어 판단한다면, 퇴옹성철은 국가조직의 종교적이

---

49. 성철 선사와 원효 대선사의 동일시가 적절한지에 대해서는 논의의 여지가 많다; 성철스님이 산승으로서 살기 위해 부인과 딸을 떠났던 반면, 원효는 "출가(出家)를 출가(出家)해야 한다."고 선언했으며, 요석 공주(瑤石 公主)와 결혼하여 아들을 낳았고, 평민들 사이에서 글을 쓰고 불법을 전파했다. 더구나 김성철은 철저히 부정하지만, 원효의 십문화쟁론(十門和諍論)의 특징인 화합의 정신을, 이것이 집필되던 삼국시대에 강제적으로 요구되었던 통일의 맥락과 분리시키기는 어려워 보인다; 김성철, 2011, 「현대 한국사회와 퇴옹성철의 위상과 역할」, 『현대 한국사회와 퇴옹성철』, 성철스님 탄신 100주년 기념 제3차 학술포럼 자료집, 9월 23일[서울: 한국불교역사문화기념관] (서울: 대한불교조계종 백련불교문화재단 부설 성철선사상연구원), 19쪽 참고.
50. 프랑스어로, "un univers de sens."
51. 윤원철, 2006, 「성철 돈오돈수론의 불이법적 세계관」, 조성택 엮음, 『퇴옹성철의 깨달음과 수행』(서울: 예문서원), 67~70쪽.
52. 최원섭, 2011, 「불교의 현대화에 담긴 퇴옹성철의 의도」, 『현대 한국사회와 퇴옹성철』, 성철스님 탄신 100주년 기념 제3차 학술포럼, 9월 23일[서울: 한국불교역사문화기념관] (서울: 대한불교조계종 백련불교문화재단 부설 성철선사상연구원), 25쪽. 김종진, 2011, 노덕현의 기사 「성철스님의 수행 정진은 사회 참여」에 인용됨, 『현대불교신문』(12월 14일): 7면도 참고.

고 사회적인 차원에 대해 어느 정도 관심을 보여 주었던 반면에 그것의 특정한 정치적 측면을 직접적으로 가까이 하지 않기 위해 처신할 수 있는 모든 것을 다 했던 것으로 보인다.

다시 말해서, 성철스님은 정부 당국에 협력하는 것이든 대결하는 것이든 양쪽 모두 애써 피하는 것을 원하면서도, 동시에 한국의 국가조직과의 관계를 어느 정도 유지하기 위해 노력했을 것이다. 그렇게 했던 이유 중 하나는, 그가 이해했던 대로라면[53] 정치에 쓸데없이 간섭하지 않았던 석가세존과 초기불교의 정신에 충실하고자 한 자신의 굳은 열망 때문이었다. 다른 이유는 아마도 일제강점기 이후부터 한국 불교에서 전개되었던 정치권력과의 어용성(御用性)에 대한 예리한 인식과 강한 반감이었을지도 모른다.[54] 그러나 퇴옹성철에게 주어진 대한조계종의 위치를 고려하면, 그러한 자세는 결국 섬세하고 끝없는 균형을 잡아야 되는 행위에 해당했다. 따라서 이제 우리가 답을 도출해야 하는 질문은, "누군가가 자신을 국가조직의 정치적 차원으로부터 배제시키는 동시에 그와 다른 국면에서는 어떤 식으로든 접촉하는 이러한 외줄 타기를 유지하는 것이 가능한가 불가능한가?"이다. 이 질문에 답하기 위하여 성철이 스스로의 정당함을 증명

---

53. 비록 퇴옹성철이 석가세존과 초기불교가 정치에 관여하지 않았다고 명시적으로 말한 적은 없음에도, 그의 입장으로 미루어 판단하건대, 그는 그것을 확고히 믿었던 것으로 보인다. 그의 믿음은 역사적 붓다와 불교가 정치에 무관심하다는 인식이 지배적인 서양으로부터 영향을 받은 믿음인가? 만약 그렇다면, 성철스님의 믿음은 일종의 "내재화된 오리엔탈리즘"일 수 있다(이 글의 각주 6을 참조).
54. 최병헌, 2011, 「한국불교사상의 조계종」, 『AKSE (Association for Korean Studies in Europe) 제25회 학술대회』 자료집, 6월 17일~6월 20일 [러시아 모스크바 국립 대학교], vol 2: 624쪽. 최근의 이명박 정부(2008~2013)와 대한조계종 총무원장 사이에서 볼 수 있는 어용성의 경우에 대한 자세한 묘사는 명진, 2011, 『중생이 아프면 부처도 아프다』(서울: 말글빛냄), 290~299쪽을 참조.

하기 위해 호소했던 석가세존과 초기불교뿐 아니라 아소카 시대의 불교는 이 문제를 어떻게 다루었는지 간략히 상기해 보자.

석가세존, 초기불교 및 아소카 시대 불교와 국가조직

정치와 가까이 하지 않기를 일관하였던 현자로서의 석가모니 붓다(기원전 약 563~483)에 대한 서구의 지배적인 인식은 대체로 사실이다. 그럼에도 불구하고 그는 한평생 당시 북동부 인도를 지배하던 지도자들과 불법에 대하여 이야기하는 것을 피하지 않았다.[55] 석가세존은 나랏일로부터 멀리 떨어져 있음으로써 정치 당국의 간섭으로부터 승가공동체를 보호하려 했고, 이를 통해 그들과의 갈등을 일으키지 않도록 했다. 이것이 비구들로 하여금 주의를 산만하게 하여 그들의 주된 목적인 수행을 닦지 못하게 할 수 있었기 때문이다. 전반적으로 그러한 태도는 석가세존이 당대 통치자들로부터 존경받게 할 뿐만 아니라, 그들

---

55. 조준호, 2010, 「인도에서의 종교와 정치권력」, 대학불교조계종 교육원 불학연구소 엮음, 『불교와 국가권력 갈등과 상생』(서울: 조계종출판사), 41~42쪽. 조준호의 논문은 정치권력과 인도의 종교, 그중에서도 특히 불교와의 관계를 다루고 있지만, 여기에 인용하는 이유는 연구의 범위가 폭넓음에도 불구하고 초점은 주로 석가세존이 어떻게 정치와 관련되었는지에 맞추어 있기 때문이다. 같은 책, 13쪽.

로부터 후한 물질적인 후원을 입을 수 있도록 해 주었다.[56] 또한, 그들 중 많은 통치자가 석가세존의 추종자가 되었다.[57]

그러나 정치적인 일에 개입하지 않는다는 규칙에 대한 눈에 띄는 예외가 없지는 않았다. 비두다바(Vidudabha)[58]가 석가족(Śākias)으로부터 받았던 오랜 굴욕을 복수하기 위해 군사 원정대를 연이어 조직하였을 때, 석가세존은 세 번이나 그를 말렸다. 그는 네 번째 원정대를 보고서야 말리기를 포기했는데, 비두다바의 복수전은 석가족의 고국을 휩쓸어 버리는 결과로 끝났다.[59] 여기서 드러나는 전반적인 상황은 석가세존과 정치 사이의 역설적이면서 때로는 지극히 긴장된 관계이다. 이 관계에서 석가세존은 초(超)세간의 거장이니 만큼 당대의 통치자들보다 우위를 점하도록 만들어 주는 종교적 권위를 보여 주면서도 그들과의 유대를 긴밀하게 유지하였다.

탐비아(Tambiah)는 초기불교와 국가조직의 연관성을 이해하기 위하여 석가세존에게 집중하는 대신, "세계, 사회, 왕권의 기원에 대한 불교적 관점을 주는"

---

56. 윤성식에 따르면, 석가세존과 초기불교는 그러한 물질적 후원이 필요했기 때문에 상호의존적인 연기(緣起)의 핵심적인 부분으로서 일종의 "자본주의"를 받아들였지만, 어떠한 애착도 없는 "자본주의"였다. 윤성식, 2011, 「시장자본주의의 대안, 불교자본주의」, 조계종 중앙종무기관 종무원 대중강연회, 11월 17일[서울: 한국불교역사문화기념관 전통문화공연장], 서울: 대한불교조계종 총무원 총무부, 서울: 불교사회연구소; 이나은, 2011, 「심각한 돈(錢)교 폐해…연기에 답 있다」, 『현대불교신문』 863(11월 23일): 1면도 참고.
57. 조준호, 앞의 책, 41~42쪽.
58. 강력한 코살라(Kosala) 왕국의 통치자였던 파세나디(Pasenadi) 왕의 아들이자 후계자.
59. 조준호, 앞의 책, 42쪽; 슈만(Schumann, Hans W.), 1989, *The Historical Buddha*, trad. M. O'C Walshe (Delhi: Motilal Banarsidas Publishers), 242~243쪽.

『태초경(Agganna Suttanta)』 "Agganna"[60]에 초점을 맞춘다.[61]

이 경전은 불교와 국가 사이의 연계(連繫, nexus)를 "비구들과 왕 사이의 관계 …, 불법의 두 수레바퀴로서 … 붓다와 전륜성왕(轉輪聖王)[62] 사이의 관계, 승가공동체와 그것이 놓여 있는 국가조직과 사회[63] 사이의 관계, 세간의 추구와 초세간의 추구 사이의 관계를 포함하는 전체"로서 간결하게 묘사한다.[64] 탐비아는 그러한 전체 안에서 부처의 권위는, 설령 통치자가 비범한 왕이고 불법에 따라 통치한다 할지라도, 항상 이러한 통치자의 권위보다 위에 있었음을 강조한다. 다시 말해서, 왕실의 권력과 영역(rajanacacca), 그리고 붓다의 권력과 영역(buddhanacacca)은 확실히 구분할 수 있는 채 그대로이다.

인도 불교와 정치권력의 관계는 아소카 마우리야(Aśoka Maurya, 기원전 약 304~232) 황제[65]의 치세에서 정점에 달했으며, 동남아시아 국가들에서 불교도–정부 관계의 전형이 된 이후 지금까지도 그 맥이 이어진다.[66] 아소카 왕은 국가

---

60. "첫 번째 원인을 의미하는 것이 아닌 시작 혹은 기원"을 의미한다.
61. 탐비아(Tambiah, S. J.), 1976, *World Conqueror and World Renouncer. A Study of Buddhism and Polity in Thailand against a Historical Background* (Cambridge: Cambridge University Press), 9.
62. 문자 그대로, "바퀴를 돌리는 성스러운 세상의 통치자"라는 뜻이다. 다시 말해서, "왕 중의 왕" 혹은 보편적 군주.
63. 이 인용문에서 탐비아는 국가조직과 사회를 구분하지만 이 글에서는 국가조직을 정의하면서 사회를 포함한다.
64. 탐비아(Tambiah, S. J.), 앞의 책, 15~16쪽.
65. 아소카 왕의 통치는 거의 40년간(기원전 약 269~232) 지속됐다. 이는 인도 역사상 영국 지배를 받던 시기를 제외하면, 가장 넓은 왕국을 불법을 지키며 다스렸던 때이다.
66. 탐비아(Tambiah, S. J.), 앞의 책, 54쪽. Ashokavadana, 즉 『아소카 왕의 전설』은 그러한 이상적 전형을 만들고 영속화하는 데에 상당히 기여했다. 스트롱(Strong, S. John), 1983, *The Legend of King Asoka, A Study and Translation of the Asokavadana* (Princeton: Princeton University Press).

를 통치하는 동안 불법을 구현했던 전형적인 전륜성왕[67]이었다. 그렇다 할지라도, 그는 자신이 수장으로 있는 은하계 같은 국가조직(galactic polity)의 통일[68]과 불교의 통일을 모두 유지해야 한다고 여길 때마다 위협적인 말로 으르고 (상대의 호응이 없다면) 그 말을 행동으로 옮기는 데 망설임이 없었다.[69] 반면, 석가세존은 잘 알려져 있다시피, 세속인이든 종교인이든 그 누구에게도 열반 이후의 승가공동체를 이끌어 달라는 바람을 남기지 않았으며, 이는 아소카 왕의 통치와는 극명한 대조를 이룬다. 석가세존은 『대반열반경』에서 후계자를 지목하는 대신 아난다에게 부촉하기를, "자신이 자신의 의지처가 되어라. 자신이 자신의 등불이 되어라. 자신 밖의 다른 곳에서 의지처를 찾지 말라."라고 하였다. 이에 더하여, 그는 제자들에게 승가공동체를 운영할 때 "화합하여 자주 모이고, 화합하여 만나고, 화합하여 일어나고, 화합하여 그들의 일을 수행"하는 밧지 부족의 방식(Vajjian style)[70]으로 운용하기를 권했다.[71] 석가세존은 이처럼 공동으로 일을 진행하는 방식이 "진리를 고수함으로써 스스로만을 의지"해야만 하는 승려들이 별개의 공동체들 속에서 살아가는 승려조직체에 가장 적합한 방식이라고 생각했다.[72] 통치의 개념에 대한 석가세존과 아소카 왕 사이의 이러한 근본적 차

---

67. 이 글의 각주 62를 참조.
68. 탐비아(Tambiah, S. J.), 앞의 책, 64쪽.
69. 탐비아(Tambiah, S. J.), 위의 책; 마냉(Magnin, Paul), 2003, *Bouddhisme, unite et diversite. Experiences de liberation* (Paris: Cerf). 309~311.
70. 리차비족(Licchavis)이 다스렸던 바이샬리(Vaisali) 지방 부족의 국가조직 방식이며, 밧지 부족(Vajji — gana)으로 알려져 있다. 탐비아, 앞의 책, 159쪽의 각주 1.
71. 탐비아(Tambiah, S. J.), 앞의 책, 159~160쪽.
72. 위의 책, 160쪽.

이점은 다만 『태초경』의 가르침을 확인해 줄 뿐이다. 전륜성왕이 통치하면서 불법을 아무리 성공적으로 구현했다 할지라도, 그 통치의 결과물로써의 전륜성왕은 전혀 승가공동체와 같지 않다. 승가공동체의 권위는 항상 그보다 위에 위치할 것이다. 따라서 우리는 다음의 질문에 직면할 수밖에 없다. "아소카 왕의 통치기간 동안 전륜성왕과 승가공동체의 관계는 어떻게 설명될 수 있는가?"

석가세존이 살아 있는 동안에는, 승가공동체를 운영하기 위한 이상적 통치에 대한 그러한 개념은 아소카 왕이 "법륜을 굴리는" 정치적 수완과 다르지 않게 기능했을지도 모른다. 그럼에도 불구하고 그의 열반 후 승가공동체는 이에 부응할 수 없음을 아주 자주 드러냈다. 탐비아는 "승려들이 별개의 공동체들 속에서 살아가기를 좋아하는 바로 그것이 불교 역사의 꽤 초기에서부터 그들을 이견과 분파와 분열로 이끌었다."고 지적한다.[73] 그는 "권위를 세우기 위한 관례적인 규칙이나 내적인 기반, 그리고 일종의 '교회'처럼 운동을 함께 지속해 나갈 수 있는 조직 없이는, 승가공동체의 존재와 통합은 외부적인 권위에 의해서만 보장될 수 있었다. 그 외부적인 권위란 승가공동체가 자리 잡고 있었던 국가조직인데, 그것을 유기적으로 구성하고 질서를 바로 잡았던 원칙은 왕권이었다."고 결론 내린다.[74] 내적으로, 승가공동체는 그 자체에 타고난 불안정성이 있었다. 이로 인해 승가공동체는 내부 갈등을 해결하기 위해 외부 정치권력의 도움에 의지하는 한편 자신의 권위가 여전히 정치권력 위에 있는 것처럼 했다. 흠이 없는

---

73. 위의 책.
74. 위의 책.

승가공동체가 없듯이, 완벽한 전륜성왕도 없다. 그래서 이 역설적이거나 모순적인 관계의 본성은 승가공동체와 정치 집단 사이가 풍부하지만 긴장되고 복합적인 관계로 발전할 수 있는 문을 열어 주었고, 그 관계성의 진정한 성공은 불법에 대한 양쪽의 전적인 신뢰에 달려 있지 않을 수 없었다.

석가세존부터 아소카 왕에 이르는 시기의 불교와 국가조직 사이의 밀접한 관계에 관한 배경을 염두에 두고, 대승불교 특히 중국과 한국의 선종으로 넘어가 본다.

중국과 한국의 선사(禪師)들과 국가조직[75]

포르(Faure)는 불교 역사에서 돈·점(頓·漸)논쟁의 사회정치적 이해관계가 대체로 높았음을 언급하면서, 양 진영의 신봉자들이 공(空)의 이름으로 서로를 죽이는 것으로 끝났던 "소위 티베트 결집(the so-called council of Tibet)"에 대한 예를 든다.[76] 그의 논평에 영감을 받은 필자는 퇴옹성철이 꾸준히 의탁했던 권위 있는 선사(禪師)들이 자신이 속한 국가조직과 어떻게 관련되었는지를 조망

---

75. 선종의 역사에 친숙한 독자들은 이 논문의 다섯 번째 부분인 '성철의 도(道)와 국가의 도(道) 사이의 구조적 공진점'으로 바로 넘어가도 된다.
76. 포르(Faure, Bernard), 1991, *The Rhetoric of Immediacy, A Cultural Critique of Chan/Zen Buddhism* (Princeton: Princeton University Press), 38.

해 나가겠다. 육조혜능(六祖慧能, 638~713)에서 시작한다.

이 글의 제5부분[77]에서 보게 되겠지만, 퇴옹성철은 돈·돈(頓·頓) 접근의 우월성을 입증하기 위하여 『돈황본 육조단경(六祖壇經)』과 전통적으로 그것의 저자로 추정되는 인물인 육조의 권위를 상당히 중시했다. 실로, 혜능과 『돈황본 육조단경』은 모두 중국돈점논쟁의 역사에 긴밀히 연결되어 있다. 더구나 혜능은 석가세존에게서 비롯된 내용으로 추정되어 경전으로 인정받은 유일한 중국 문헌의 저자로서 지금까지도 선종의 핵심인물로 인정되고 받아들여진다. 그러나 어떤 사람인지 알려진 바는 거의 없다. 더구나 둔황(敦煌)에서 발견된 『하택신회어록(荷澤神會語錄)』과 『돈황본 육조단경』의 놀랄 만큼 가까운 유사성은 학자들이 그것의 실제 저자가 아마도 하택신회일 것이라는 결론을 내리게 했다.[78] 결과적으로 신회를 『돈황본 육조단경』의 권위와 분리해서 생각하는 것은 더 이상 불가능하다. 이는 우리로 하여금 신회가 자신이 속한 국가조직과 어떻게 관계 맺었는지를 알아차리도록 만들어 준다.

첫째, 730년 이후 당나라(618~907)의 정치·종교적 지형에서 신회는 자신의 종파인 하택종(荷澤宗)의 우월성을 주장하기 위해 소위 북종의 지도자였던 대통신수(大通神秀, 606~706)를 향한 체계적인 공격을 명백히 행사했다.[79] 둘째, "[신회의] 돈교(頓敎)는 정치적 상황의 '갑작스런 변화'를 희망하는 몇 가지 이유

---

[77]. 「성철의 도(道)와 국가의 도(道) 사이의 구조적 공진점」, 이 책의 138쪽.
[78]. 인경, 2011, 『쟁점으로 살펴보는 간화선』(서울: 명상상담연구원), 28, 362쪽.
[79]. 맥래(McRae, John R.), 1987, "Shen-hui and the Teaching of Sudden Enlightenment in early Chan Buddhism," in Gregory, 233~234.

를 가진 사람들의 관심을 끌었던 것 역시 분명하다."[80] "이 점은 대부분이 야심 있는 관료들이었던 하택의 지지자들의 명단에 의해 입증되었다."[81]

셋째, 신회의 정치·종교적 행동주의는 숭산보적(嵩山普寂, 651~739)[82]의 힘 있는 평신도 추종자들 중의 한 명인 노혁(盧奕)이 주도한 모함으로 753년에 유배를 당하게끔 하였다.[83] 마지막으로, 맥래(McRae)는 "하택[신회]가 북종을 점점 소멸하게 했다고 말하는 것 자체가 정확하지 않은데 그것[북종]은 처음부터 제도적인 실체로서 결코 존재하지도 않았기 때문이다. 뿐만 아니라 그가 점교를 돈교로 대체했다고 말하는 것도 정확하지 않은데 그것은 그가 교의적으로 뒤떨어진다고 기술하고 비판했던 [점교의] 위상을 지지한 사람이 아무도 없었기 때문이다."라고 강조한다.[84]

이는 신회가 자신의 종파를 내세우기 위하여 신수가 가르친 내용의 본질을 의도적으로 왜곡하여 그와 대립하였음을 의미한다.

흥미롭게도 오대(五代, 907~960)의 다섯 왕조의 박해와 혼란 이후, 송나라(960~1279)가 도래하여 천태종(天台宗), 화엄종(華嚴宗), 그리고 임제종(臨濟宗)이 각기 정체성을 재정립하기 위해 힘겹게 노력하며 경쟁하고 있을 때, 임제종

---

80. 포르(Faure, Bernard), 1993, *Chan Insights and Oversights: an Epistemological Critique of the Chan Tradition* (Princeton, NJ: Princeton University Press), 38.
81. 위의 책.
82. 대통신수의 제자.
83. 맥래(McRae, John R.), 앞의 책, 235ff; 이철교·일지·신규탁 엮음, 앞의 책, 700~701쪽.
84. 맥래(McRae, John R.), 위의 책, 258.

은 부적절하게도 신회를 "지해종사(知解宗師)"라고 비난했다.[85] 그렇게 함으로써 임제종의 세 가지 주요한 모토를 갈고 닦았다. 교외별전(敎外別傳), 불립문자(不立文字), 직지인심(直指人心)이 바로 그것이다. 버스웰에 의하면, 간화선(看話禪)을 발명함으로써 중국 불교는 이 세 가지 좌우명과 조화를 이루면서 완전하고 갑작스러운 깨달음의 경험을 가능하게 하는 명상 방법에 대한 마지막 조율을 성취했다.[86]

간화선은 북송(960~1127)과 남송(1127~1279)이 교차하는 지점에서 선사 대혜종고(1089~1163)가 발전시킨 명상수행법이다. 대혜는 원오극근(圜悟克勤, 1063~1135)의 제자로 임제종 양기파(楊岐派)에 속해 있었다(12대 계승자). 대혜와 그의 추종자들—출가 승려뿐만 아니라 재가불자들—에게 간화선은 갑작스럽고 완전한 깨달음을 얻도록 하는 유일한 수행법이었다. "다른 대안은 존재하지 않았다."[87] 간화선은 그보다 앞선 수행법이었으나 비현실적인 선의 형태라는 평가를 들었던 문자선과 묵조사선에 맞섰다. 말하자면 대혜는 문자선(文字禪)의 좋은 예가 되었던 원오의 『벽암록(碧巖錄)』을 불 질렀고, 조동종(曹洞宗)의 묵조사선(默照邪禪)을 "수동적인 정적주의(靜寂主義)"라고 냉혹하게 비평하였다.

중요하게 언급해야 할 것은 대혜가 조동종을 공격함으로써 그 종파 스승들의 가르침을 왜곡하였다는 사실이다. 그가 선의의 신념으로 그렇게 했는지의

---

85. 인경, 앞의 책, 139~140쪽; 이 글의 각주 13을 참조.
86. 버스웰(Buswell, Robert E., Jr.), 1987, 앞의 책, 321~356쪽.
87. 보디포드(Bodiford, William), 2010, "Keyword Meditation and Detailed Investigation in Medieval Japan." See Cho'gye Order Institute for the Study of Korean Buddhism, Tongguk University 2010, day 2: 99.

여부는 논쟁거리로 남아 있으며,[88] 이와 관련해서는 대혜가 과거 자신이 공격했던 조동종 굉지정각 선사의 입적을 깊이 애도했던 교류까지도 검토해야 할 것이다.[89] 사실, 간화선과 묵조사선의 차이를 "순전히 해탈론적인 틀에서는 이해될 수 없다."라고 제시했던 몇 몇 학자도 있다.[90] 역시 활용 가능한 자료들은 그러한 대립이 깨달음과 수행에 대한 각 종파의 개념에 직접적으로 관련되는 교의적인 문제를 넘어, 그것이 발생한 국가조직 안에서 뿌리를 잘 내리고 있었다는 점을 보여 준다. 북송시대 황실의 불교 후원을 연구한 기멜로(Gimello)의 발자취를 따라가 보면, 서구 학자들은 대혜의 정신적 성취에 관하여 더욱 폭넓은 현세적·종교적 맥락에 주의를 기울이면서 조명해 왔다.[91] 북송에서 남송(1127~1279)으로의 정치적 이행은 불교에 대한 후원을 상당히 약화시켰다. 그 결과 임제종

---

88. 슐뤼터(Schlutter, Morten), 1999, "Silent Illumination, Kung-an Introspection, and the Competition for Lay Patronage in Sung," in *Buddhism in the Sung*, ed. Peter N. Gregory and Daniel A. Getz Jr (Honolulu: University of Hawai 'i Press), 135.
89. 대혜는 조동종의 굉지정각(宏智正覺, 1091~1157) 선사의 저서 『묵조명(默照銘)』이 출간된 뒤 수행자들의 면벽좌선함을 야유조로 부르기 시작했고, 묵조선이라는 이름은 여기서 유래됐다고 한다. 그런데 대혜는 굉지정각이 입적하기 1년 전 굉지정각을 찾아가 자신이 오랜 유배에서 돌아와 주지 소임을 맡게 된 아육왕사(阿育王寺)의 개당법회(開堂法會) 때 백추사(白鎚師)가 되어 달라고 청하였고, 굉지정각은 과거에 묵조선을 사선(邪禪)이라고 공격하였던 대혜의 청을 수락했다. 그리고 굉지정각은 입적하면서 자신의 후학이 아닌 간화선 주창자인 대혜에게 후사를 당부했으며, 대혜는 굉지정각의 입적을 크게 슬퍼했다고 하는 일화가 전한다. 이학종, 2010, 「열도 뒤흔든 도겐의 묵조선풍 바탕에 천동산의 두 거목 正覺·如淨이 있었네」, 『미디어붓다』(7월 11일) 참조. http://www.mediabuddha.net/news/view.php?number=12920 (2016년 8월 12일 확인)
90. 슐뤼터, 위의 책, 138쪽.
91. 기멜로(Gimello, Robert M.), 1987, "Imperial Patronage of Buddhism during the Northern Song," in [Proceedings of] *The First International Symposium on Church and State in China: Past and Present*, ed. John E. Geddes (Taipei: Tamkang University), 73~85.

계통과, 이의 주요한 경쟁자였던 조동종은 나라에서 지원해 주는 명망 있는 사원에 대한 장악뿐 아니라, 왕조가 불운(不運)해짐에 따라 구도심(求道心)이 더욱 깊어진 사대부들의 지지를 이끌어내기 위해 치열하게 경쟁해야만 했다.[92] 이와 유사한 관점을 취한 레버링(Levering)도 대혜의 성취를 성(性) 평등의 수사법적 측면에서 분석하였다.[93] 요약하면, 승려뿐 아니라 남녀 신자들의 요구에 부응하려는 노력으로 "간화선은 종교적 수행을 위한 특별한 방법으로써만이 아니라, 선종 내에서 제도권의 경쟁자들로부터 하나의 분파적 당파성을 구분하기 위한 도구로써도 이해되어야 한다."[94] 변희욱은 그러한 학문적인 결론들이 비록 위의 학자들에 의하여 주의 깊고 체계적으로 다다르게 되었던 것이라 할지라도 대혜의 정신적인 천재성을 놓친 서구적 환원주의로 보려는 경향을 드러낸다.[95] 그럼에도 불구하고 그는 대혜의 활동에서의 정치적 차원을 강조한다. 특히 이러한 차원을 간화선 패러다임의 실질적 영향력으로 고려하는 한에서는 위의 서구 학자들과 일치한다. 사실, 대혜는 남송의 군부 정치파가 금(金, 1126~1234)에 대한 전면전을 주장할 때 지지하는 쪽이었다. 확실히, 금은 북송을 정벌한 뒤, 황하를 건너서 남쪽으로 계속 내려왔다. 이민족의 침략에 대해 평화적 협상을 시도

---

92. 슐뤼터(Schlutter, Morten), 앞의 책, 135~138쪽.
93. 레버링(Levering, Miriam), 1999, "Miao-tao and Her Teacher Ta-hui," in *Buddhism in the Song*, ed. Gregory, Peter N. and Daniel A. Getz Jr. Kuroda Institute in East Asian Buddhism 13 (Honolulu: University of Hawai 'i Press), 210~213.
94. 보디포드(Bodiford, William), 앞의 책, 97쪽.
95. 변희욱, 2010, 「간화선 연구의 현황과 과제」, 『불교평론』 제45호(겨울) (인제: 만해사상실천 선양회), 309~310쪽.

했던 라이벌 당파는 대혜의 영향력을 두려워했다. 많은 추종자들이 있었기 때문이다. 장구성(張九成) 장군은 그의 열렬한 추종자 중 한 명이었다. 대혜는 장구성을 신비궁(神臂弓)이라는 별명으로 부르면서, 그를 일컬어 한 번에 천 벌의 갑옷을 동시에 관통하여 찢을 수 있는 화살에 비유하였다. 그의 별명은 천 가지의 의심을 순식간에 잘라 내버릴 수 있는 화두(話頭)의 검을 확실히 암시하는 것이었다. 아무튼, 결국은 라이벌 당파가 1141년에 남송의 정치적 지배권을 가지게 되었고, 금나라와 평화적으로 협상하였다. 덧붙여서, 그들은 전쟁을 찬성하는 당파였던 장구성을 포함한 세 명의 장수들과 거기에 속한 모든 관료를 투옥하였다. 후에 "신비궁 사건"으로 알려진 이 사건에서, 대혜는 그 관료들의 구금을 공공연히 비판했다. 그 결과는 즉각 나타났다. 관계자들은 대혜가 금에게 협조하였다는 누명을 씌워 그의 가사와 의발을 벗기고, 10년 이상의 유배를 살게 했다.[96] 변희욱은 중국 역사에서 선사가 자신의 애국심과 정치적 행동주의 때문에 추방된 일은 매우 드문 사건이라고 지적한다.

대혜의 간화선은 지눌이 처음 국내에 도입하였는데, 지눌은 1197년에 『대혜어록(大慧語錄)』을 읽으면서 마지막 깨달음을 경험하였다. 지눌은 비록 중국에 가지 않았으나, 간화선을 깨달음과 수행에 대한 돈오점수(頓悟漸修)적 접근의 꼭대기에 올려놓았다. 1209년에 집필된 그의 대표작『법집별행록절요병입사기(法集別行錄節要幷入私記)』(이하『절요』)의 마지막 부분과 그가 입적한

---

96. 변희욱, 2005,『대혜 간화선 연구』, 서울대학교 대학원 박사학위논문(철학과), 14~17; 김태완 옮김, 2011f,『대혜보각선사어록』, 전6권(서울: 소명출판), 109~113쪽.

지 5년 만에 후계자인 진각혜심(眞覺慧諶, 1178~1234)이 출판한 『간화결의론(看話決疑論)』에서 이를 볼 수 있다. 이 접근은 통합적인 선교일치(禪敎一致)[97]로서, 근본적으로 신회와 후계자인 규봉의 사상에 토대를 둔다.[98] 송광사에서 "지눌과 그의 후계자가 지지한 덕분"으로, 간화선은 "한국 불교"의 구산선문(九山禪門)에서 "수행의 가장 일반적인 형태로 빠르게 자리 잡았다."[99] 그러나 고려시대(918~1392) 말엽에 백운경한(白雲景閑, 1299~1375), 태고보우(太古普愚, 1301~ 1382), 나옹혜근(懶翁惠勤, 1320~1376), 그리고 다른 많은 승려가 임제종 양기파의 스승들에게 간화선을 배우기 위해 중국 허난성(河南省)으로 갔다. 그들은 양기파의 간화선을 요달(了達)하고 중국의 스승들에게서 불법을 전수받은 이후 귀향하여, 지눌의 권위에 도전할 수 있었던 "중한 연결(Sino-Korean Connection)"[100]이라 명명할 수 있는 하나의 법맥을 확립했다.

중한 연결의 핵심적인 측면은 그것의 사회정치적 배경인데, 이 점에 주의를 기울였던 학자는 거의 없다. 공민왕(恭愍王, 재위 1351~1374)이 즉위했을 때, 고려의 국제 관계에서 원나라(1271~1368)의 간섭을 줄이고자 했다. 이를 위해서는 국내의 친원파들, 특히 구산선문과 아주 긴밀히 연관되고 영향력이 가장 컸던

---

97. 지눌의 '선교합일(禪敎合一)' 입장은 교종과 선종의 단순한 통합 이상이다. 그것에는 선 수행을 통해 교의를 이해하는 '회교귀선(會敎歸禪)'과 선 수행에 온전하게 진입할 수 있도록 교의를 철저히 버리는 '사교입선(捨敎入禪)'이 널리 침투해 있으며 포괄적인 이해 방식도 포함하고 있다. 김달진, 1987, 앞의 책, 17쪽.
98. 버스웰(Buswell, Robert E., Jr.), 1983, 앞의 책, 262~263쪽.
99. 버스웰(Buswell, Robert E., Jr.), 1992, *The Zen Monastic Experience* (Princeton: Princeton University Press), 150.
100. 중한 연결에 대해서는 졸저, 2017, 앞의 책, 163쪽의 [그림 7]을 참조.

문중들 — 권문세족(權門勢族) — 을 억눌러야 하는 한편, 자신을 지지해 줄 수 있는 새로운 세력들의 성장을 장려해야 했다. 공민왕은 이 정책을 불교에서 적용하기 위해서 중한 연결의 발전을 장려하기로 했다. 그는 이 목적을 달성하기 위하여 태고를 왕사로 임명하여, 왕사가 불교 내의 모든 임명권의 책임을 행사하도록 맡김으로써 모든 불교계의 전통을 관리하게 하였다. 공민왕은 원융부(圓融府, 구산을 통합하기 위한 불교 융합의 기관)를 만들어 태고를 돕게 하였다. 태고는 떠오르는 신진사대부와의 접촉이 부족하였음이 분명함에도 불구하고 국가조직의 사람들과의 관계를 놀라울 정도로 잘 맺었다. 그의 인맥에는 자신과 태생적으로 연관된 영향력 있는 가문들 이외에도, 기황후(奇皇后, 1301~ 1369)와 권력 지향적인 관료들이 포함되었으며, 그중 일부는 평판이 좋지 않았다. 태고의 활동들은 구산선문을 상당히 약화시켰다. 그는 나옹과 더불어 많은 신자들을 보유한 불교의 영향력 있는 대표자가 되어, 이 계보가 전통의 주류가 되게 하였다. 그러한 강한 전통은 우왕(禑王, 1374~1388)의 통치기간 중 이들의 제자인 환암혼수(幻庵混修, 1320~1392)와 목암찬영(木庵粲英, 1328~1390)에 의해 유지되었다. 그럼에도 불구하고 그들의 힘은 전반적인 불교 개혁이 활기를 띠기에는 충분히 강하지 못했다. 불교계에 만연한 부패는 고려의 몰락과 분리될 수 없었다.[101] 태고의 실패는, 어느 정도까지는, 선사로서 그의 사회정치적 위치의 애

---

101. 최병헌, 1986, 「태고보우의 불교사적 위치」, 『한국문화』 합본 4권(제7~8집, 12월) (서울: 규장각한국학연구원); 최연식(Ch'oe Yŏnsik), 2011, "How did Ganhwa Seon Practice Became Predominant over the Other Buddhist Traditions of the Late Goryeo Dynasty," in Tongguk Institute for Buddhist Studies Research 2011, day 2: 154~155쪽.

매함과 왕조가 처한 역사적 맥락의 도전에 응하기 위해 그가 지지하였던 간화선 교의의 불충분함, 그리고 완전히 새로운 사회정치적 패러다임을 찾고 있던 신진사대부와의 접촉 유지에 실패했던 것에서 기인할 수 있다.

조선을 창건한 태조(太祖, 재위 1393~1398) 이후, 조정에서 신유학자들이 압도적인 영향력을 행사함에 따라 태고와 나옹의 유산은 지지를 잃었다. 그런데 지눌의 가르침은 비록 억불숭유정책(抑佛崇儒政策)의 맥락에도 불구하고 다시 떠오를 수 있었다. 그리고 중한 연결은 임진왜란(壬辰 1592~1598)과 병자호란(丙子 1636~1637)의 여파가 있던 17세기에 결정적으로 복귀했다. 실로, 승려들이 외세의 침략에 저항하는 전투에 승군으로 참여한 것은 정치적 분위기가 불교의 부분적 재건에 호의적이게끔 만들었다. 그러나 이 두 전쟁은 한반도를 혼란의 상태로 몰아넣었다. 신유학자들은 그 결과로 초래된 위기에 대응하기 위하여 가문을 기반으로 하는 엄격한 사회 질서를 확립하기 위한 노력의 일환으로 족보를 적극적으로 편찬하였다. 승가공동체는 스스로 재활할 수 있도록 그 정체성을 재정립해야 했을 뿐만 아니라 신유학자들이 행한 노력과 비슷한 작업을 해야 했다. 그렇게 하기 위한 작업은, 역사적 근거가 전체적으로 부족함에도 불구하고, 조선의 모든 승려가 서산대사로 더 잘 알려진 청허휴정(清虛休靜, 1520~1604)의 법맥에 속한다는 선언으로 시작되었다. 그는 조선시대 역사에서 가장 우뚝 솟은 불교 인물이며, 임진왜란 당시에 승군을 규합하여 이끈 것으로 유명했다. 그 후, 승가공동체는 서산이 태고의 제6대손이며, 사자상승(師資相乘)은 법맥에 있어 어떠한 물리적 중단이 없이 오랜 시간을 거쳐서 발생해 왔다고 선포하였다. 그것은 결국 — 여기서 다시 한 번 역사적 증거 부족이 뚜렷함에도 불구하고 — 순수한 사상적 계승(思想的 繼承) 대신 연속적인 인적 계승(人的 繼承)을 주장하는 것이나 다름없었다. 그렇게 함으로써 승가공동체는 서산과 태고의 위신뿐 아니라, 임제종 양기파와 그 너머의 육조와 보리달마를 거쳐, 석가세존의 위신까지도 축적시키려고 했다. 만약, 그러한 법통설(法通說)의 장점이 한국 불교가 신유학자들의 도통설(道通說)에 직면하여 존경받을 만한 특징을 회복시켜 주는 데 있다면, 심각한 단점은 그 범위를 중한 연결로 축소시킴에 따라 보조지눌 같은 선사들의 계보와 가르침을 소외시키거나 배척했다는 데에 있다.[102]

확실히 한국 불교의 정체성에 대한 논쟁은 19세기에 다시 타올랐고, 20세기 초반까지 지속됐다. 이 논쟁은 발전하는 교학의 영향력에 의해 촉발되었는데, 교학은 문자를 기피하는 중한 연결의 후계자들에 의해 고취되었던 간화선의 패권에 도전하였다. 백파긍선(白坡亘璇, 1767~1852)은 문자 공부를 단념하고 참선을 선호하였던 주요한 주창자였다. 그는 『선문수경(禪文手鏡)』에서 새로운 교판상석(敎相判釋)을 제시한 바, (자신이 속한) 임제종을 꼭대기에 올려놓았다. 그래서 이전까지 중국 선종의 오가(五家) 가르침에서는 들어본 적이 없는 질적인 단계의 차이를 도입했다. 이 논쟁은 새로운 분류에 대항하는 사람들이 살던 지역에 대한 악의적인 지역감정 일색이었고, 젊은 반대자의 트집을 잡기 위하여 진정한 논의는 회피하고 선배후배 관계(先輩後輩 關係)라는 유교적 의식에는 쉽

---

102. 최연식, 2006, 「성철의 법맥론에 대한 비판적 검토' 를 읽고」, 조성택 엮음, 『퇴옹성철의 깨달음과 수행』(서울: 예문서원), 392~400쪽.

사리 의지했다. 그 논쟁에 참여했던 사람들이 대체적으로 자격이 충분했음에도 불구하고, 그 주장의 대부분에는 어떤 교의적 돌파구가 마련되어 있지는 않았다. 결국 이미 알려져 있는 진실을 되풀이하여 반복했을 뿐이다. 그러나 일반인이었던 추사 김정희(秋史 金正喜, 1786~1856)가 백파의 "간화선 절대주의"를 비판하면서, 간화선을 제대로 이해하기 위해서는 그것이 발생한 역사적 맥락으로 되돌려 놓아야 한다고 말한 것은 언급할 가치가 있다.[103]

앞서 언급했던 모든 예들은 중국과 한국의 역사에서 돈점논쟁이 순수하게 교의상의 문제만으로 촉발되었던 적이 없었음을 보여 준다. 오히려, 불교가 그 시작 이래로 그랬던 것처럼, 돈점논쟁은 그것이 일어난 사회정치적 배경과 항상 밀접하게 연관되어 있었다. 가령, 성철스님도 이러한 관례의 예외가 아니라고 가정한다면, 이제 우리는 그가 스스로 거리를 두려고 애썼음에도 불구하고 국가조직, 특히 국가조직의 정치적 차원에서 얼마나 가까웠는지를 증명해야 한다. 그리고 성철스님은 정치권력에 협조하지도, 드러내 놓고 반대하지도 않았으므로, 그의 삶과 교의, 그리고 그것이 가르쳐졌던 정치적 맥락 사이의 구조적 공진점에 관한 기술에 의존하여 입증해야 할 것이다.

---

103. 박해당, 2011, 「조선후기불교의 선 논쟁」, 『제2회 간화선 국제학술대회 ― 간화선, 그 원리와 구조』, 8월 20일~8월 21일[서울: 동국대학교 중강당] (서울: 동국대학교 불교학술원 종학연구소), 제2일: 225~226, 243~244쪽.

성철의 도(道)와 국가의 도(道) 사이의 구조적 공진점

어떤 이들은 퇴옹성철이 국가조직에게서 등을 돌리면 돌릴수록 의도치 않게 그것을 더욱더 끌어당긴다는 이유로 성철스님으로부터 역설의 화신(逆說의 化身)[104]을 본다.[105]

확실히, 약 2백만 명의 사람들이 그의 다비식에 참석하거나 그의 사리(舍利)를 보기 위해 해인사를 찾았다. 모차르트나 반 고흐의 장례식을 찾은 추모객은 이보다 훨씬 적었다. 그는 비록 가야산의 가장 외진 곳에서 은둔하는 방식으로 세상을 등지고자 했음에도 불구하고 세상을 향해 강한 메시지를 계속 보내고 있었던 것 같다. 다시 말해서, 퇴옹성철은 국가조직으로부터 숨으려고 시도했음에도, 그것으로부터 결코 완전히 벗어날 수 없었다.[106] 우리는 폴 바슬라비

---

104. 김성철, 앞의 논문, 26~32쪽.
105. 이 글이 강조하지는 않지만, 성철스님의 행동이 흔히 믿기는 것보다 더 의도적이었을 수 있다는 가능성을 완전히 배제할 수는 없다. 다시 말해서, 남의 '이목을 끄는' 은둔자로서(자신의 암자를 철조망으로 둘러싸고, 부인을 인정하지 않고 멀리 쫓아버리는 등), 퇴옹성철은 자신이 중심으로부터 동떨어져 존재함에 대한 '아주 공개적인' 강조와 함께, 자신이 하고 있었던 것이 무엇인지를 정확하게 인식했을 수도 있다. 그러나 퇴옹성철의 행동이 의도적이었을 수도 있다는 사실이 우리로 하여금 그것이 정치 권력기구를 돕기 위한 것이었다는 결론을 기필코 내리게 하지는 않는다. 이 대목에서는 아무것도 필자로 하여금 성철스님이 ― 정치 지도자들에게 이용되었던 태국 산중 스님들의 예를 들기는 하지만 ― 정치 지도자들에게 이용되었다는 결론을 내리게 하지는 않는다. 테일러(Taylor J. L.), 1993, *Forest Monks and the Nation-State: An Anthropological and Historical Study in Northeastern Thailand* (Singapore: Institute of Southeast Asia), 285~291; 김성철, 위의 논문.
106. 이글의 각주 104를 참조.

크(Paul Watzlawick)의 다섯 가지 원리[107] 중 첫 번째 "사람은 의사소통하지 않을 수 없다."를 다음과 같이 바꾸어 "비사회정치적일 수 없다." 혹은 "사회정치적이지 않을 수 없다."라고 말할 수 있을 것이다.

다음의 사실들을 고려한다면, 이 역설을 쉽게 이해할 수 있다. 첫째, 다른 산중 스님들과 마찬가지로, 성철스님은 대한조계종의 평신도들이 보시하는 보시금으로 생활했다. 둘째, 종단은 보시금을 받기 위해서라도 진실로 깨우친 스승을 배출해야 했고 지금도 여전히 그러하다. 종단은 이 깨우친 스승을 자신을 정점으로 하여 그 조직의 모든 조직적 체계를 정당화시킨다. 결과적으로, 가야산의 호랑이의 존재를 대중에게 알리는 것은 제자들에게 이익일 뿐만 아니라 종단의 이익을 위한 것이었다. 그리고 둘 다 그렇게 하는 것을 망설이지 않았다.[108] 셋째, 평신도, 종단, 은둔자, 모두 각각의 역할을 맡기 위해서는 국가로부터 주어진 평화와 사회적 질서가 필요하다. 마지막으로, 국가는 이에 대한 답례로 불교 종단과 지도자들이 제공할 수 있는 영적인 지도뿐 아니라 도덕적·정치적 지지를 필요로 하게 된다. 그리고 국가는 국가조직의 안정에 부정적 영향을 줄 수 있는 불교 종단과 지도자들의 혼란 상태를 도저히 허락하지 못한다. 그러나 그러한 명확한 관계에 덧붙여 그 시대에 성철이 지향하고자 했던 '성철의 도(道)'와

---

107. 이 원리는 모두 가족 치료의 실제를 돕기 위해 고안되었다. http://en.wikipedia.org/wiki/Paul_Watzlawick을 참조.

108. 퇴옹성철의 상좌(上座) 중 가장 나이가 많은 축에 드는 원택스님(1943~)은 스승이 대중에게 알려지는 데 중요한 역할을 해 오고 있다. 가장 좋은 예 가운데 하나가 그가 육조 열반 1300주년과 성철스님의 열반 20주년을 기념하기 위해 2013년 9월 25일에 개최하였던 국제학술대회이다. 대한불교조계종 백년불교문화재단 2013 [Proceedings] 『육조혜능과 퇴옹성철, 그리고 한국 불교(육조혜능스님 열반 1300주기 퇴옹성철 스님 열반 20주기 추모 학술포럼)』을 참조.

그 도가 설파되었던 정치적 맥락의 '국가의 도(道)' 사이의 구조적 공진점들은 퇴옹성철의 역설적 성격을 설명할 수 있는 가장 좋은 방법일지도 모른다. 구조적 공진점은 둘 혹은 그 이상의 사실들 사이의 상호 관련성이 전혀 없는 듯 보임에도 불구하고 존재하는 밀접한 유사성 그리고/혹은(and/or) 근접성으로서, 이는 마치 두 개의 분리된 물체가 동일한 주파수에서 진동하는 것과 같다.

첫 번째 구조적 공진점은 1967년에 있었던 성철스님의 백일법문[109]이라고 불리는 동안거 동안의 법문에서 강조되었던 돈오돈수(頓悟頓修)이다. 당시 성철스님은 돈·점 접근을 공개적으로 비판하기 시작했고, 이를 주창한 지눌에 대해서는 대한조계종의 창설자로서 추앙을 받을 수 없다고 말하였다. 어떤 점에서, 그 가르침은 박정희(1917~1979)와 전두환(1931~)이 각각 1961년과 1980년에 민간인 대통령을 끌어내리고 권력을 잡았던 쿠데타의 갑작스러움과 단박을 환기시킨다. 박정희는 나라가 정치적·군사적·경제적 혼란을 끝내고 안전·발전·행복으로 향하는 길, 소위 '한강의 기적' 위에 자리 매김하기 위해서는 자신의 쿠데타

---

109. 이 글의 각주 10을 참조.

와 뒤이은 독재가 긴급하게 필요했다고[110] 정당화하였다.[111] 확실히 한국 불교 내에 퍼져 있던, 추측컨대 지눌의 도(道)로부터 초래된 혼란을 끝내기 위해, 퇴옹성철이 행한 개혁의 주요 원칙은 간화선에 대한 손쉬운 접근인 경절문(徑截門)만을 사용하는 것이었다. 그것은 중도에 관한 완전한 깨달음을 단박에 빠르게 성취하도록 하여, 수행자가 확실히 부처로 변모하게 돼 모든 중생을 윤회로부터 자유로워질 수 있게 하는 역량을 가질 수 있게 한다는 주장이었다. 그러나 초기불교는 퇴옹성철이 행한 개혁 원칙과는 정반대로 다양한 명상 기법과 이론을 받아들였다.[112] [초기불교는] 깨달음 과정의 갑작스러운 성격과 점진적인 성격 모

---

110. "이와 같이 뒤떨어진 나라의 부패와 부정을 바로잡고 공산 세력을 막아 낼 수 있는 사회 세력은 그 나라의 군인이며 군의 장교단이라고 알려져 있다.(「콜론 보고서」 참조)"라고 주장하는 박정희는 "민주주의를 다시 이룩하는 길은 오랜 경제개발 계획과 국민소득의 향상이라는 서로 모순된 두 개의 문제를 잘 조화시켜 결과적으로는 국민이 잘살게 되고 특히 국민들 개개인의 생활 향상에 도움을 주어야 된다고 나는 분명하게 잘라 말하고 싶다."라고 하는가 하면 "5·16 군사 혁명이 국민 혁명으로 성공하려면 이 겨레의 엄청난 과제를 해결해야만 한다."고 주장하면서 엄청난 과제란 바로 "근대화의 과제"라고 밝혔다. 또한 5·16은 자기 책임에 달린 것이며 목표가 다른 방향으로 변전되어가는 사태, 즉 혁명 정부 내에서 발생한 재혁명이라는 비상사태가 제3석인 자신을 최고 책임자로 앉게 했다고 역설한다. 나아가 5·16은 홍경래의 난, 동학 농민 운동, 갑신정변, 3·1운동, 4·19혁명 등 순수한 민중 혁명이 성공하지 못한 우리 역사에서 처음 찾아낸 성공이라 자부하기에 이른다. 박정희, 2005, 『하면 된다! 떨쳐 일어나자』(서울: 동서문화사) 171, 176, 304~305, 419쪽.

111. 허욱(Heo, Uk)·로어링(Roering, Terrence), 2010, South Korea since 1980 (Cambridge: Cambridge University Press), 20~22.

112. 학담, 2011a, 「조계종(曹溪宗)의 연기론적 해체와 건설」, 『한국불교 중흥을 위한 11월 대토론회』, 11월 23일[서울: 한국불교역사문화기념관] (서울: 조계종 승가교육진흥위원회), 57~58쪽; 2011b, 노덕현의 기사 「간화선이 조계종의 전부는 아니다」에 인용됨, 『현대불교신문(現代佛教新聞)』 864호(11월 30일): 4면; 그레고리(Gregory, Peter N.) ed., 1997, "Is Critical Buddhism Really Critical?" In Hubbard and Swanson 1997, 297; 칼루파하나(Kalupahana, David J.), 1992, A History of Buddhist Philosophy. Continuities and Discontinuities (Honolulu: University of Hawai'i Press), 237~239.

두를 통합하였고,¹¹³ 어떤 점에서는 깨달음 그 자체보다는 그 과정에 ― 예를 들어 팔정도 ― 훨씬 더 초점을 맞추었다.¹¹⁴ 이러한 점에서, 간화선을 통해 석가세존의 가르침으로 돌아가자는 성철스님의 주장은 논쟁의 여지가 상당히 많게 들릴 뿐만 아니라 "돈(頓)·돈(頓) 독재"를 취임시키고 정당화하는 교의상의 쿠데타처럼 보이게도 한다. 퇴옹성철 이전의 중국과 한국의 선사(禪師)들이 돈·돈 패러다임보다는 돈·점 패러다임을 더 주장해 오고 있다는 것을 고려해 보면 더욱더 그렇게 보인다.¹¹⁵ 많은 학자들은 퇴옹성철이 확언한 결과로써 한국 불교가 깨달음의 성취에 매우 사로잡혀 왔고, "깨달음 병"¹¹⁶이 들었다고 지적한다. 그러나 되돌아보면 퇴옹성철의 "간화선 절대주의"¹¹⁷는 사실 무척 적은 수의 사람들

---

113. 최봉수, 1992, 「원시불교에서의 오(悟)의 구조」, 강건기·김호성 엮음, 『깨달음, 돈오점수인가, 돈오돈수인가』(서울: 민족사), 54~55쪽; 임승택, 2012, 「초기불교 경전에 나타난 돈(頓)과 점(漸)」, 『돈점 사상의 역사와 의미』, 성철스님 탄신 100주년 기념 제5차 학술포럼 자료집, 3월 29일[서울: 한국불교역사문화기념관] (서울: 대한불교조계종 백련불교재단, 동국대학교 불교학술원 종학연구소, 불교신문사), 24~25쪽.
114. 김나미, 2011, 「깨달음과 열반의 상관관계」, 『불교평론』 제46호(봄) (인제: 만해사상실천 선양회), 211~213쪽; 위파사나 스승 고엔카(Goenka, 1924~2013)는 자신이 깨달음을 얻었다고 전혀 주장하지 않았지만, 제자들에게 자신이 그들보다 더 앞서 있다는 정도로만 말했다.
115. 종호, 2012, 「중국 선사들의 돈점론과 그 이해」, 『돈점사상의 역사와 의미』, 동국대학교 불교학술원 종학연구소 춘계학술대회/성철스님 탄신 100주년 기념 제5차 학술포럼 자료집, 3월 29일[서울: 한국불교역사문화기념관] (서울: 대한불교조계종 백련불교재단, 동국대학교 불교학술원 종학연구소, 불교신문사), 64~65쪽.
116. ≪ "도법스님은 '중도를 알고 있다는 전제보다도 중도가 무엇인지에 대한 정의가 필요하다.'며 깨달음의 병에 걸린 한국불교를 위해 깨달음이 무엇인지 설명해 달라."고 물었다.≫ 조현성, 2013, 「'중도'든 '인불'이든 의식개혁에는 공감」, 『불교닷컴』(1월 9일 승인), http://www.bulkyo21.com/news/articleView.html?idxno=20082 (2016년 8월 7일 확인); 한기선, 2012, 「"간화선, 깨달음 병 안 고치면 재가불자도 희망이 없다"」, 『주간불교』(12월 28일), http://www.jubul.co.kr/news/24038(2016년 8월 7일 확인).
117. 심재룡, 1999, *Korean Buddhism* (서울: 집문당), 212, 233쪽.

만을 깨달음으로 이끌었던 것처럼 보인다.[118]

퇴옹성철과 박정희, 전두환 전 대통령의 두 번째 구조적 공진점은 그들 모두 스스로를 지명한 사람들이고, 깊은 사명감을 부여받았으며, 각각 자신이 불교와 한국을 구원하는 유일한 길이라고 확신하였다는 것이다.[119] 과연 박정희와 전두환이 선거를 통해 선출되지 않았던 것처럼 퇴옹성철의 깨달음은 누구의 인가도 받지 않았다. 심지어 그는 일제 식민 통치가 끝날 무렵의 한반도에는 깨달은 스승이 한 사람도 없었다고 — 심지어 송광사(松廣寺)와 수덕사(修德寺)에서조차도 — 주장했다.[120] 그럼에도 불구하고 성철스님은 자신의 사명을 혜능이 오조홍인(五祖弘忍, 584~674)에게서 다음의 말을 들었을 때의 그것과 동일시하기까지 했던 것으로 보인다. "오직 돈법만을 전하라. 세상에 가서 삿된 법을 없애라"(唯傳頓敎法 出世破邪宗).[121] 이러한 자임(自任), 그리고 혜능과의 동일시는

---

118. 《그러면 이처럼 훌륭한 간화선을 통해 수행한 스님들은 얼마나 많이 깨달음을 이루었는가? 도법스님은 "(조계)종단 출가 수행자가 비구·비구니를 포함하여 대략 1만 2천 명이라고 한다. 50여 년 전체를 합치면 연인원 50만 명이 수행에 진력해온 셈이다. …… 그동안 깨달음을 이루었다고 하는 사람을 만나기도 하고 함께 살기도 하고 쟁쟁한 소문을 듣기도 했다. 그런데 세월이 한참 지나고 나면 깨달았다고 큰소리쳤던 사람이 이상하게 된 경우가 의외로 많다. 실제 괜찮게 된 경우는 50만 명 중에 20여 명 정도를 넘지 않는다. 그 20여 명도 본인의 주장과는 달리 대중이 반신반의하는 것을 보면 깨달은 도인이 기대했던 것처럼 매력적이지 않은 듯하다. 그렇게 볼 때 수행하여 이루어낸 결과가 너무 초라하고 허망하다"고 탄식하고 있다.》 마성, 2011, 「한국불교 수행법, 무엇이 문제인가?」, 『불교평론』 제48호(가을) (인제: 만해사상실천선양회), 227쪽.

119. 허욱(Heo, Uk)·로어링 테렌스(Roering, Terrence), 앞의 책, 21쪽.

120. 백련문도회, 위의 대본집, 35~36쪽.

121. 대정장 권48, 2007, 341, c18.

"간화선의 정통적 전통"의 새로운 출발을 가능하게 했는데,[122] 이는 한국이 안정과 발전을 향하여 새로운 시대를 시작하고 있음을 보여 주었던 박정희의 쿠데타와 유사하지 않은 것은 아니다.

세 번째 구조적 공진점은 박정희와 전두환뿐 아니라 퇴옹성철 모두의 담화에 널리 퍼진 삿된 무리화(demonizing)하고 적대시하는 강력한 기제(mechanism, 機制)이다. 전자는 북한의 공산주의에 반대하고,[123] 후자는 지눌의 점진주의에 반대한다. 퇴옹성철에게 보조지눌은 쳐야 할 첫 번째 표적이다. 그리고 그는 『선문정로』의 서언(緒言)에서 언어폭력에 의지하여 표현하기를 망설이지 않는다.[124] 상대편을 깎아내릴 때, 성철스님은 상대편의 말을 전혀 주의 깊게 듣지 않는다. 그는 지눌스님의 말씀을 그분이 말하는 맥락에 놓고 이해해 보려는 노력을 전혀 기울이지 않는다. 그는 심지어 해인사 강원(講院)에서 지눌의 『절요』를 공부하지 못하게 만든다.[125] 그는 원효와 달리, 다양하고 (갈등을 일으키는) 교의들을 모두에게 받아들여지는 회통적 이해(會通的 理解)로 화합하고 통합하려고 시도하는 마음을 보여 주지 않는다. 그 대신에 간화선의 수행과 자신이 인용하는 과거 스승들의 권위에 기초한 엄격하게 연역적인 접근을 결합

---

122. 퇴옹성철 현토·편역, 『돈황본 육조단경』, 5쪽; Sŏ, Myŏngwŏn(서명원), 2004, "La vie et l'oeuvre du Maitre Sŏn T'oeong Sŏngch'ŏl 退翁性徹(1912~1993)," 412~416.
123. 허욱(Heo, Uk)·로어링(Roering, Terrence), 앞의 책, 22쪽.
124. 성철, 1981, 『선문정로』, '성철스님 법어집' 2집 2권 (합천: 장경각), 3~4쪽; 이 글의 각주 13을 참조.
125. 필자가 2015년 8월 말에 해인사 승가대학의 해인강원을 방문하여 이에 관해 여쭸을 때, "성철스님께서 지눌의 『절요』를 가르치지 말라고 하셨기 때문에, 아직도 가르치지 않고 있다."는 답변을 들을 수 있었다.

하여, 돈·돈 접근을 정당화하고 다른 모든 것을 배제하려고 한다. 그 결과, 성철 스님의 소위 역설적 중도에서 간화선은 언어의 쓰임을 소용없게 만들면서도, 그가 이해하는 전통의 언어가 다른 관점을 규탄하는 데 사용되므로 궁극적으로는 모든 것을 그 자신의 전망(展望)으로 되돌려 놓는다. 그 결과로 돈이 점과 겨루게 되는 흑백논리가 나오는데, 이는 붓다의 접근법을 특징짓는 극단주의적 관점들 사이의 중도와 아주 동떨어져 있다.[126] 이 논리는 '첫째, 중도는 표현할 수 없는 것이다. 둘째, 과거의 스승들은 옳았다. 셋째, 나는 그들이 말했던 것을 말하며, 그래서 나는 옳다. 넷째, 지눌은 다른 것을 말했으며, 그래서 그는 그르다.' 라는 네 가지로 요약될 수 있을 것이다. 이성이자 말이며 모든 것이 명확하고 정확할 것을 요구하는 그리스어 로고스의 개념과 같은 언어의 개념 없이, 또한 진정한 토론을 허용하는 장(場, agora)이 없이, "돈·점논쟁"이라는 표현을 붙이면 잘못된 명칭이 된다.

지눌의 저작들은 이들 역시 경전들에 기초하였음에도 불구하고, 근본으로 되돌아가자는 성철스님의 정신(mentality of ad fontes)과는 대조적으로, 훨씬 더 사색적이고 균형 잡힌 마음을 보여 준다. 지눌의 저작들은 연역적이면서도 귀납적이고, 철저한 분석인 전간문(全揀門)과 포괄적 동화인 전수문(全收門) 사이의 중도의 실천이 반영되어 있다.[127] 지눌은 청량징관(淸凉澄觀, 738~839)을 따

---

126. 칼루파하나(Kalupahana, David J.), 앞의 책, 237쪽; 중도사상은 퇴옹성철이 한국 불교의 개혁에 대한 기초로 사용했던 다섯 가지 원리 중 두 번째라는 것을 기억하도록 하자. 이 글의 각주 7을 참조.
127. 지눌, 김달진 역, 앞의 책, 147~148쪽.

라서, 돈과 점을 구분이 가능한 일곱 가지로 묘사한다.[128] 이와 같이 그는 정신적인 성장의 과정을 허용한다. 이는 플라톤이 말하는 궁극적인 진리를 향한 점진적인 성숙과 어느 정도 유사하다. 비록 그 궁극적 진리가 존재론에 기대고 있으며, 현상계에 대한 사색을 통하여 일어난다고 할지라도 그러하다. 진리에 대한 탐구가 무척이나 소크라테스적인 지눌은 간디가 말했듯이, 자신의 의견과 극단적으로 다른 의견이야말로 세상에서 가장 중요하다는 것을 우리에게 상기시킨다.

객관적으로 말해서, 가령 퇴옹성철은 보조지눌을 삿된 무리라고 하지 않고 그의 후학들을 적대시하지 않고서도 그에게 초점을 맞출 수 있었을 텐데, 성철스님은 왜 그렇게 하지 않았을까?[129] 이와 비슷하게 경쟁자의 가르침을 왜곡시키는 양상은 신회에게서, 신회를 비판했던 임제종에게서, 대혜에게서, 그리고 백파의 행위에게서 관찰되어 왔다. 그리고 그것은 언제나 사회정치적 동기와 연결되어 있었다. 비록 퇴옹성철의 동기를 직접적으로 지적하는 것은 불가능하지만 그가 20세기의 후반기에 한국 불교에 대한 개혁을 시도했을 때, 지눌에 반대하며 구사한 언어적 공격은 개혁이 실행되던 당시 냉전시대 독재정권의 반공산주의 담론의 구조를 밀접하게 반영하는 방식으로 구성했었음을 강조할 수 있다.

네 번째 구조적 공진점은 앞서 언급한 삿된 무리화 기제와 함께 기능한다. 이것은 스스로를 임명한 대통령으로서 대중의 낮은 지지로 인한 위험을 피하기

---

128. 위의 책, 123~124쪽.
129. 서명원, 2007a, 앞의 논문, 49~51쪽.

위해 박정희와 전두환이 끊임없는 추구했던 합법성과, 스스로를 인가한 선사로서 승가공동체의 빈약한 인지도를 피하고자 했던 성철스님의 추구로 이루어진다. 박정희와 전두환은 사람들의 시선이 계속 북한의 위협을 향해 머물게끔 하는 방법 이외에도,[130] 꾸준한 경제성장을 통하여 반민주적 정부의 냉혹한 보안조치를 정당화하고자 했다.[131] 퇴옹성철에 관해 말하자면, 1967년에 초기불교로 시작하여 1987년에 혜능으로 끝내면서, 자신의 가르침은 정통이며 지눌은 그렇지 않음을 증명하기 위해 불교 전통의 다양한 층에 잇따라 호소했다. 『한국불교의 법맥(韓國佛敎의 法脈)』[132]에서, 그는 태고의 가르침이 돈·돈 교의에 상응했으며 한국에 다른 정통적인 법맥은 없다고 주장했다. 『선문정로』에서 60개의 경과 논에서 뽑아낸 326개의 인용문을 한데 모아 오직 돈·돈 교의만 유일한 진리이며 지눌의 교의는 정통이 아니라는 것을 드러내고자 했다.[133] 그는 마지막 작품 『돈황본 육조단경(敦煌本 六祖壇經)』 현토·편역(縣吐·編譯)에서, 그러한 주장을 펴기 위하여 최종적으로는 육조의 '바로 그대로의 어구(ipsissima verba)'라고 믿었던 것에 기대었다. 더구나 '선림고경총서(禪林古鏡叢書)'에서는 과거의 모든 조사들이 돈·돈 가르침만을 전승했었다는 것을 증명하기 위해, 그는 선장(禪藏)에 있는 서른 명의 중국 선사와 두 명의 한국 선사의 담화기록[『선사어록(禪師語錄)』]을 한글로 번역하게 했다. 함께 놓고 고려할 때, 앞서 언급

---

130. 허욱(Heo, Uk)･로어링(Roering, Terrence), 앞의 책, 25쪽.
131. 위의 책, 24, 35쪽.
132. 퇴옹성철, 1976, 『한국불교의 법맥』, '성철스님 법어집' 2집 4권(합천: 장경각).
133. Seo, Myeongweon(서명원), 2004, 앞의 논문, 233쪽.

된 작품들에서는 꽤 많은 양의 자료가 보이는데, 그것들에는 상당한 내적 일관성이 배어 있지만, 몇 가지 방법론적 결함을 분명히 가지고 있다는 특징이 있다. 초기불교와 한국의 법맥에 관한 것들은 이미 언급되었다. 이제 다른 것들을 검토하도록 하겠다.

전반적으로 『선문정로』에서 퇴옹성철은 자신의 반(反)점진주의적인 자기중심적 각도에서 아전인수 격으로 지눌을 인용하는 경향이 있는 까닭에 인용된 자료의 본래 의미를 왜곡한다.[134] 예를 들어, 서문에서, 그는 지눌이 신회는 혜능의 적자(嫡子)가 아니라고 선언한 것처럼 거짓 주장을 편다.[135] 같은 종류의 왜곡이 『백일법문』에서 드러나는 중도에 대한 성철스님의 이해에도 스며들어 있다. 반대되는 증거들에도 불구하고,[136] 그는 일례로 천태종의 세 번째 조사인 지의(智顗, 538~597)가 엄밀하게는 단박의 의미에서 중도에 이르는 깨달음을 해석했다고 주장하면서, 심지어 지의가 간화선도 실천했다는 암시까지 준다.[137] 뿐만 아니라, 『선문정로』에서 세 개의 관문인 삼관(三關) 혹은 세 개의 수행 단계인 삼분단수행(三分段修行)·삼단수행(三段修行)을 깨달음에 이르는 길로 묘사할 때, 그는 점진주의적 관점을 자신의 사고 체계 안으로 무심코 도입하며, 따라서

---

134. 박성배, 1992, 「성철스님의 돈오점수설 비판에 대하여」, 강건기·김호성 엮음, 『깨달음(覺), 돈오점수인가, 돈오돈수인가 − 돈점논쟁의 역사와 현재 − 』(서울: 민족사), 253쪽.
135. 성철, 1981, 앞의 책, 3~4; Sŏ, Myŏngwŏn(서명원), 2004, 앞의 논문, 275~280쪽; 이 글의 각주 13을 참조.
136. 도너(Donner, Neal), 1987, "Sudden and Gradual Intimately Conjoined: Chih-i's T'ien-t'ai View," in Gregory 1991, 201~226.
137. 퇴옹성철 1992b, 앞의 책, 46, 67쪽; 서명원(Sŏ, Myŏngwŏn), 2004, 앞의 논문, 215~225쪽.

자가당착에 빠진다.[138] 그의 추종자들은 그가 엄격히 공시적인 관점[139]에서 말한 것이라고 주장한다. 그럼에도 불구하고 기저에 깔린 통시적 관점은 쉽게 부인될 수 없다.[140]

『돈황본 육조단경』에 관해 말하자면, 홍인이 비록 혜능의 단박 입장의 우수함을 인정할지언정 신수의 점진주의자적 게송을 나무라지 않으며, 오히려 이를 공부하라고 권고한다. 그러므로 이 내용은 돈·돈 가르침만으로 축소될 수 없다.[141] 이 두 경향이 돈황본 안에 공존함은 혜능의 "바로 그대로의 어구(ipsissima verba)"에 대한 해석이 하나 이상일 가능성을 열어 놓는다. 이는 또한 현대 한국의 점진주의자들 역시 왜 육조의 권위를 참고하는지를 설명해 주고 있다.[142]

138쪽에서 언급했던 '선림고경총서'의 이 내용과 관련한 종호의 연구는, 퇴옹성철의 관점과는 반대로, 시간이 흐르면서 중국과 한국의 선 스승들이 돈·돈 패러다임보다 돈·점 패러다임을 더 주장해 왔음을 보여 준다. '선림고경총서'에서 제공하는 어록의 스승들이 모두 돈·돈 교의에 대한 강력한 옹호자였는지 아니었는지는 열린 질문으로 남아 있다.

---

138. 퇴옹성철 1981, 앞의 책, 108~119쪽; 서명원, 2007a, 앞의 책, 46~47쪽.
139. 그러한 주장은 그것이 반대편의 상호보완적인 관점에 대한 인정을 거부한다는 점에서 적극적인 믿음 — active belief, 즉 믿고자 하는 바를 맹목적으로 믿고자 노력했음 — 과 마찬가지이다.
140. Sŏ, Myŏngwŏn(서명원), 2011a, 앞의 책, 100쪽의 각주 37쪽.
141. 고메스(Gomez, Luis O.), 1987, "Purifying Gold. The Metaphor of Effort and Intutition in Buddhist Thought and Practice," in Gregory 1987, 79.
142. 서명원, 2009a, 앞의 논문, 222~223쪽.

이 모든 것은 성철스님이 돈·돈 접근을 정당화하기 위해 노력하면 할수록, 더욱더 자신의 입장이 지닌 약점을 노출시키게 되고 권위주의의 모순 속으로 빠지게 되는 상황에 다다랐음을 보여 준다. 이는 시간이 지날수록 기력이 다하게 되었던 박 대통령의 유신체제와 유사하지 않은 것이 아니다.[143]

다섯 번째 구조적 공진점은 독재와 한국돈점논쟁의 시공간적 좌표 사이의 유사성에 있다. 지리적 요건에 따르면 퇴옹성철과 박정희, 전두환 대통령은 모두 경상도 출신이다. 더구나 성철스님은 1967년에 해인사에 주석하기 전까지(1936~1967), 삶의 대부분을 자신의 고향인 경상도에 위치한 선방과 암자에서 은둔자로 보냈다. 깨달음을 얻기 전에는, 금강산(1939~1940)에서의 동안거와 하안거를 위해 경상도를 단 한 번 떠났다. 동화사(桐華寺)에서의 깨달음 이후에는 전라도 송광사(1940)에서의 하안거를 한 번 했다. 그런 후에 그는 충청도로 건너가 수덕사의 정혜사에서(1941~1942), 간월도(看月島)에 위치한 만공(滿空, 1871~1946)의 동굴에서(1942), 그리고 법주사(法住寺)에서(1943) 안거를 했다.[144] 앞서 언급했듯이 그는 이 지역들에서 깨달은 스승을 찾을 수 없다는 결론을 내린 후에, 경상도로 돌아간 뒤로 다시는 떠나지 않았다.[145] 흥미롭게도, 해인사는 전두환의 고향인 경상남도의 합천군에 속해 있다. 이와는 대조적으로, 지눌은

---

143. 허욱(Heo, Uk)·로어링(Roering, Terrence), 앞의 책, 25~26쪽.
144. 그의 상좌 원택은 "깨달음을 얻어 오도송을 읊고 나서 깨달음의 점검을 위해 제방에서 정진했다."고 말한다. 이 증언에 따르면 퇴옹성철의 그것도 점진주의자 식이 아닐까 싶다. 원택, 2012c, 앞의 책, 50쪽 참조.
145. 퇴옹성철 편역, 1993a, 『고경: 조계선종소의어록집』(합천: 장경각), 747~751쪽; Sŏ, Myŏngwŏn(서명원), 2004, 앞의 논문, 36쪽.

황해도 출신이었음에도 불구하고 활동은 전라도에 있는 길상사(吉祥寺), 이후 수선사(修禪社), 현재의 송광사와 밀접하게 연관되는데, 옛것을 되살린 퇴옹성철과는 달리 그는 1197년에 이곳에 정착하여 입적할 때까지 머무르면서 새로운 패러다임을 창조하는 일을 했다. 경상도와 전라도 사이에는 오랜 역사를 거치며 깊이 뿌리박힌 적대감이 있고, 1980년 5월에 있었던 광주 민주화 운동에 대한 폭력적인 진압으로 인하여 악화되었다. 이러한 역사는, 퇴옹성철의 『선문정로』와 『본지풍광』146이 각각 1981년과 1982년 12월에 출판되는 것과 더불어, 많은 지눌 추종자들이 퇴옹성철의 "쿠데타"를 해인사가 전체 한국 불교에 대한 주도권을 잡기 위한 전면적인 교의 전쟁을 시작하는 것으로 인식하게 했다.

아마 그러한 지리적 좌표보다도 1967년 이후에 성철스님이 살았던 시기가 더 설득력이 있어 보인다. 이때 그는 거의 30년간의 독거 생활을 마친 후 해인사 방장으로 추대되었다. 부동산 소유에 대한 비구승과 대처승 사이의 분쟁이 끝나 가는 중이었기에 불교계의 상태가 비교적 잠잠해지고 있었다는 사실 이외에도, 그는 박정희 정부가 가져다 준 전반적인 국가조직의 안정에 의해 고무되었기 때문에 추대를 잘 받아들였을지도 모른다. 더군다나 퇴옹성철이 대한조계종 종정으로 임명된 날은(1981년 1월 10일) 전두환의 대통령 취임식(1980년 9월 1일)과 자신이 침묵했었던 전두환 정권의 강력한 불교 탄압147이 발생한 지 불과 몇 달 지나지 않은 때였다. 퇴옹성철은 입적할 때까지 방장직을 유지했음에도 불구

---

146. 이 글의 각주 16을 참조.
147. 각주 32를 참조.

하고 실질적으로는 1986년의 하안거를 마지막으로 선 스승으로서의 의무를 중단했다.[148] 아마도 건강상의 이유 때문에 중단했으리라는 추측을 어렵지 않게 해 볼 수 있다. 퇴옹성철이 악명 높던 대한조계종의 총무원장 서의현의 집행부(1986~1994)[149]가 종지부를 찍는 데 개입하지 않았다는 사실로 미루어 보아, 더 이상 그가 종정으로서의 역할을 충분히 할 수 없었다는 것 역시 추론해 볼 수 있다. 다시 말하여, 성철스님의 활동은 남한에서 헌법상 민주화가[150] 가능하도록 승인되기 1년 전에 급격히 감소하였던 것이다.

앞서 언급했던 자료들로부터, 20세기 후반기의 대한민국 독재정권과 퇴옹성철이 활동한 시공간적 좌표 사이에 의미심장하게 겹쳐지는 영역을 볼 수 있다.

퇴옹성철과 박정희, 전두환 대통령 사이의 여섯 번째 구조적 공진점은 자신에 대한 비판적 시각이 스스로에게 스며들지 않았다는 것이고, 그것은 결국 이들이 시대의 징후를 인지하는 데 무능했다고 해석할 여지를 준다. 박정희가 1979년 10월에 발생한 부마민중항쟁(釜馬民衆抗爭)에 어떻게 대응할지 파악하지

---

148. 퇴옹성철 1993a, 앞의 책, 751쪽.
149. 1990년대 초반부터 지금까지 서의현의 집행부를 묘사하는 많은 기사들이 출판되었다. 예를 들어 Kwŏn Oyŏng(권오룡, 2013)과 Yi chŏk(이적, 1991)을 참조.
150. 1987년 민주화 운동의 열매 중 하나인 헌법재판소가 1988년에 창립되었다. 그 전까지는 헌법 개정을 말했다는 이유로 형사처벌을 하는 긴급조치가 시행되었는가 하면 대중예술인이 음반을 내거나 영화를 상영하기 전에 국가기관으로부터 허가를 받아야 했고, 출생 시기 때문에 혈우병 신약치료제의 요양급여를 받지 못하게 되었어도 기본권 침해를 주장할 수 없었고, 불합리한 제도 개선도 요구할 수 없었다. 헌법재판소 홈페이지 참조. https://www.ccourt.go.kr/cckhome/kor/ccourt/greeting/greeting.do;jsessionid=EntJuDigbPhav8QMrpQLlt50RoOX1vnODsA2g0Bh18Lhq1ZrQJq48gtuLvOallPC.COWAS-1_servlet_engine10 (2016년 8월 28일 확인).

못하고 암살당한 것처럼,[151] 전두환은 서울올림픽대회를 1년 앞둔 시점에서 민주화를 향한 질주가 막을 수 없는 기세로 치달아서 대한민국의 독재 정치가 종지부를 찍게 될 것을 이해하는 데 실패했다.[152] 이와 유사하게, 성철스님은 1987년 대한조계종의 종정으로서 민주화 운동을 위한 말씀 몇 마디를 해 주라는 간절한 요청을 받았어도, 자신은 산승이라고 말하면서 명확하게 거절함으로써 모든 비판에 무감각한 채로 남았다. 그는 현대 한국사의 중대한 전환기에 사람들의 관심사에 대해 이야기하기를 거절함으로써, 국가조직 안에서 일어나고 있는 일에 관한 자신의 인식을 보여줄 수 있는 둘도 없는 기회를 놓친 것처럼 보인다. 놀라울 것 없이, 그의 추종자들은 이제 그의 타협하지 않은 침묵에 대해 합리적으로 설명해 주기 위해 애써야만 한다. 그리고 그들의 이러한 임무는 그가 국가조직과 가까웠음을 동시에 주장하려고 할 때 현저히 복잡해진다.[153]

사실, 그 당시 중립적이라고 주장되었던 성철스님의 침묵은 말할 수 없이 모순적이다. 왜냐하면 이 글의 세 번째 부분(석가세존, 초기불교 및 아소카 시대 불교와 국가조직)에서 충분히 보여 주었듯이, 퇴옹성철이 그 가르침으로 돌아간다고

---

151. 허욱(Heo, Uk)·로어링(Roering, Terrence), 앞의 책, 25~26쪽
152. 위의 책, 37~40쪽.
153. "종교와 정치는 완전히 분리해야 합니다. 분리해야 될 뿐만 아니라, 종교는 정치 이념의 산실이라고 봅니다. 정치 이념의 근본이란 말입니다. 종교는 정치의 정신적인 근본 공급처, 정신적인 원동력이 되어, 모든 정치 이념이 종교에서 비롯되어야 하는 것입니다." [원택, 2012b, 『성철스님이 들려준 이야기』, 2(서울: 글씨미디어), 178쪽.]

주장했던 석가세존조차도[154] 필요할 때마다 왕들과 관계를 맺고 유지하는 데 망설임이 없었고, 그들 중 한 명이 석가세존의 고국에 보복하려고 할 때 무력 사용을 금해 달라는 요청까지 했다. 더구나 동남아시아와 그 이외 지역의 불교는 그 시작 이래로, 『태초경』의 정신에 따라 승가공동체를 조화롭게 지도하는 방법만 채택한 것이 아니라, 은하계 같은 국가조직(galactic polity)을 통치할 — 아소카 같은 — 이상적인 전륜성왕의 임명을 고대하기도 했다. 이 모든 것이, 현대 민주주의의 정신과 동등한 것은 아니지만, 독재 혹은 전제정치보다는 민주주의에 가까웠음을 알려준다.[155] 더구나 승가공동체는 초기 역사 이래로 내부의 갈등을 — 더 좋게 혹은 더 나쁘게 — 처리하기 위해 국가 수장의 개입을 받아들여야만 했다. 20세기 후반의 한국 불교는 이승만·박정희·전두환 대통령의 개입이 연이어졌으므로, 이 규칙에서 예외가 되기는 어렵다. 정부의 개입이 직접적이고 결정적이었던 만큼, 승가공동체가 정치적으로 중립성을 지키고 있다고 자처하는 것을 실제적으로 불가능하게 했다.

---

154. 이 단락, 그리고 이어지는 단락은 초기불교와 아소카 불교가 성철스님의 논증법보다 더 참되고 정통적일 수 있다는 을 제의하려는 게 아니다. 과거에 대한 그 어떤 이상화도 "명확하게 할 수 있는 불변의 본질(말하자면, 아트만)이 없으며, 그 자체가 상호의존적(interdependent)이고 끊임없이 변하는 조건들의 복합체의 생산물인" 불교의 정신에 반할 것이다[그레고리(Gregory, Peter N.), 앞의 책, 297]; 오히려 이 부분은 석가모니 부처님의 가르침과 삶의 방식으로 돌아가자고 주장한 퇴옹성철이 초기불교와 아소카 불교가 어떻게 국가조직과 밀접하게 연관되어 있었는지를 고려하지 않았음을 보여주려 한다. 다시 말해서, 한국 불교를 개혁하려는 성철스님의 시도가 역사적 부처의 "본래 불교"로 돌아감을 기초로 하고 있다고 해도, 그의 시도는 그것의 사회정치적 측면을 보는 데서는 확실히 실패했다. 이 글의 각주 6을 참조.
155. 다비즈(Davids)에 따르면, 대승불교를 탄생하게 만든 분열은 부분적으로 권위 개념의 차이와 연관이 되는데, 밧지 부족 사람들(Vajjians)은 약간 덜 중앙집권화된 위계와 보다 큰 자율성을 바랐다. 탐비아(Tambiah, S. J.), 앞의 책, 160~161쪽의 각주 1~2.

10·27 법난과 그 여파에 대한 성철스님의 침묵을 예로 들어 보자.[156] 그 침묵은 순전히 정치적 중립성을 지킨 것으로 해석될 수 있는가, 아니면 다른 이유에서 비롯되었는가? 예를 들어, 퇴옹성철은 산승으로서 무슨 일이 일어났는지에 관한 정보가 부족했기 때문에 침묵을 지켰던 것인가, 아니면 자신의 신변 안전에 대한 두려움이 있었는가? 그것은 누군가 주장하듯이 불교가 더 심한 탄압을 겪지 않게 하려는 신중함에서 비롯된 것이었나,[157] 아니면 전두환의 조치에 대한 개인적인 승인에서 비롯된 것이었나? 그러나 석가세존이 승가공동체의 수행이 혼란에 빠지지 않게끔 정치를 피했고, 그럼으로써 무엇보다도 수행을 보호하려고 했던 것을 받아들인다면, 성철스님은 한국 승가공동체에 국가의 급습이 강행되어 수행이 심각하게 혼란스럽게 됐을 때 왜 계속 묵인(黙認)했을까? 독재정권인 국가라 할지라도 이 국가가 없다면 그것에 의해 제공되는 더 폭넓은 평화와 안전을 잃어버리기 때문에 전반적인 수행이 더욱 혼란스러워질지도 모른다는 두려움으로부터 기인한 것이었을까? 사실 퇴옹성철과 봉암사 결사(鳳巖寺結社)[158]는 1950년에 포기해야만 했다. 당시 봉암사 일대의 산에서 공산주의 게릴라들의 공격이 일어났고, 이로 인해 광복 후 한국 불교를 개혁하려는 의도 아래 시작된 승려 공동체의 삶이 더 이상 유지될 수 없었기 때문이다. 성철스님은 또한 한국전쟁 중에는 통영에서 피난살이를 해야 했기에, 전쟁의 결과가 얼마나 극적일 수 있는지 스스로의 경험을 통해 알고 있었다. 다시 말해서, 비록 세상

---

156. 이 글의 각주 32를 참조.
157. 김성철, 앞의 책, 22쪽.
158. 각주 6을 참조.

을 등졌다고 할지라도, 가야산의 호랑이는 자신이 수행했던 가야산 중턱을 포함하여, 자신이 살고 있는 나라의 안전이 강력한 군대를 가진 강한 정부의 존재 여부에 달린 것임을 알고 있었다. 따라서 우리는 전두환이 비록 이상적인 전륜성왕과는 거리가 멀었을지라도, 전반적인 안전을 제공해 줄 수 있음을 증명해 보이는 한 퇴옹성철은 그에게 도전하려고 하지 않았으리라고 추측해 볼 수 있다. 그러나 만약 10·27 법난에 대한 성철스님의 침묵을 설명하는 이 가설이 옳다고 하더라도, 이 침묵은 분명히 정치적 선택의 결과였으므로 중립적이라고 생각될 수는 없다.

결국 그가 산승이라는 명분하에 민주화 운동에 대해 어떠한 태도를 취하기를 거절했던 것도 앞서 살펴본 이 글의 네 번째 부분(중국과 한국의 선사들과 국가조직)에서 명확히 증명된 것을 고려한다면 모순되게 들린다. 신회(『단경』을 통해서), 대혜,[159] 나옹, 태고,[160] 그리고 서산은[161] — 다시 말해서 퇴옹성철이 자신의 돈의 수사법(rhetoric of immediacy) 주장을 뒷받침하기 위해 인용했던 모든 주요한 스승들 — 정치적 문제에 깊이 연관되어 있었다. 결과적으로는 가야산 호랑이가 시대적으로 중차대한 시점에서 침묵을 완강하게 지켰던 일은 아무리 낙관하여도 후세대의 역사가들이 풀어야 할 수수께끼라고 판단된다.

---

159. 그는 『선문정로』에서 13회 인용된다. Sŏ, Myŏngwŏn(서명원), 2004, 앞의 논문, 319쪽.
160. 비록 태고와 나옹은 『선문정로』에서 단지 한 번씩 인용되지만, '선림고경총서'에서는 제21권과 제22권은 각각 두 선사의 어록(語錄)을 번역하는 데 할애했다. 위의 논문, 318쪽.
161. 서산 역시 『선문정로』에서 단 한 번 인용된다. 그러나 성철스님은 서산이 혜능이나 성철스님 자신처럼 돈·돈 가르침을 옹호한다는 것을 증명하기 위해, 『돈황본 육조단경』 현토·편역의 끝부분에서 서산의 『선교결(禪敎訣)』 역주를 추가했다. 퇴옹성철, 1987, 앞의 책, 291~310쪽 참조

그러나 아마도 성철스님이 10·27 법난 및 민주화 운동 당시에 침묵한 것보다 더 심각한 것은 새 시대의 새벽에 한국 불교에게 필요한 것은 간화선 절대주의 대신 교의적·실천적 다양성임을 이해하는 데도 실패했다는 사실이다. 정치에 대해 언급하지 않은 채, 어떤 이들은 퇴옹성철의 개혁이 한국 불교를 성철스님과 그의 동료들이 이해했던 방식의 부처님 가르침으로 돌아가려 했던 봉암사 결사의 궤도에 가두어 버렸으며, 이로써 그 전통을 현대 세계에 적응할 수 없도록 하였다고 믿는다.[162] 김종인에게, "성철의 돈오돈수론은 한국 불교에 근본주의적 이념을 바탕으로 한 돌파구를 마련하기 위한 논리적 토대"인데, 왜냐하면 "한국 불교가 과거로부터 이어져 온 억압적 유산과 급변하는 새로운 문화적 환경을 제대로 극복하지 못하고 정체된 채 쇠락하고 있는" 상태였기 때문이다.[163]

잘 주목해야 할 점은 성철스님의 추종자들은 퇴옹성철이 그랬듯이 자신들에 대한 비판을 자신들에게 스며들게 하지 않고, 시대의 증후를 인지할 능력이 없음을 너무 자주 보여 주며, 모든 논의를 피하고, 위대한 스승의 약점과 모순을 지적할 수 있는 질문을 털어 버리기 위해 돈의 수사법과 체험의 수사법[164]을 사용한다는 것이다.[165] 이 두 가지의 수사법은 퇴옹성철의 관점 이외에는 다른 어떤 관점도 받아들이지 않는 주관주의에 토대를 둔다. 그 결과로 초래된 비타협

---

162. 조성택, 2011, 앞의 책, 43쪽.
163. 김종인, 2006, 「한국현실에 대한 성철의 대응과 돈오돈수」, 조성택 엮음, 『퇴옹성철의 깨달음과 수행』(서울: 예문서원), 337쪽.
164. 앞의 표현은 포르(Faure, 1991)가, 뒤의 표현은 샤프(Sharf, 2000b)가 만들었다.
165. Sŏ, Myŏngwŏn(서명원), 2011a, 앞의 논문, 94~95쪽.

적인 담화에서는, 성철스님이 이루었다고 추정되며 스스로를 인가한 스승이었기 때문에 더욱더 중요한, 깨달음에 대한 형언할 수 없는 경험으로부터 모든 것이 기인한다. 이는 마치 그의 경험이라는 계란이 그의 담화라는 닭보다 필연적으로 앞서서 왔던 것과 같다.[166] 그러나 이러한 주관주의는 깨달음의 경험에 대한 절대적 해석이 존재하지 않음을 보는 데 실패한다. 왜냐하면 이러한 해석들은 인과관계에 의해, 다시 말해서 사회정치적인 좌표를 포함하는 한정된 시공간적 좌표에 따라 항상 조건 지어지기 때문이다.[167] 퇴옹성철이 이 함정을 완전히 몰랐던 것은 아니다. 이를 피하기 위해, 그는 유마힐(維摩詰)처럼 아예 아무 말도 하지 않는 것을 선택할 수 있었지만, 그렇게 하지 않았다. 결과적으로, 그는 입을 열 때마다 적어도 부분적으로는 자신이 속한 국가조직의 좌표에 의해 조건 지어진 담화를 발표했다. 흥미롭게도, 루카(Luca)는 군부 독재정권 치하의 남한(1960~1988)에서 가장 성공한 종교 집단들은 반공산주의와 자본주의를 적극적으로 지지했고, 군사적 의무를 절대 반대하지 않았으며, 노동법을 비판하지 않았다는 점을 지적한다. 그녀는 이 결과로 초래된 사회적 합의는 냉전 시기의 미국의 세계관과 완벽하게 부합하는 것이었다고 덧붙인다.[168]

---

[166]. 서명원, 2007b, 「성철스님을 어떻게 이해할 것인가?」, 『무엇이 나의 본래 면목인가? — 성철스님 탄신 100주년 기념 선서 — 본지풍광·설화』(합천: 장경각), 472~483쪽.
[167]. 현응, 2009, 『깨달음과 역사』(서울: 불광출판사), 227~229쪽.
[168]. 루카(Luca, Nathalie), 2011. "La repression religieuse: un enjeu national ? De l'influence des Etats Unis dans la repression au Japon et en Coree du Sud," in Etat, religion et repression en Asie. Chine, Coree, Japon et Vietnam (VIIIe-XXIe siecles), ed. Arnaud Brotons, Yannick Bruneton, and Nathalie Kouame (dir.), Paris : Editions Karthala. 326~329.

비록 성철스님은 그런 명확한 정치적 태도를 취한 적이 없음에도 불구하고 이번 장에서 밝힌 모든 구조적 공진점들, 특히 세 번째 공진점은 그의 담화 구조가 직접적 혹은 간접적으로 독재정권의 그것을 따랐음을 보여 준다. 그가 열반송[169]에서 자기 자신과 자신의 가르침을 결국 부정한 것은 아마도, 적어도 부분적으로는, 자기 자신의 담화가 드러낸 한계뿐 아니라 어느 정도까지는 불가피하게 빠져 있었던 모순의 한계를 인식했다는 사실 때문일 수도 있다. 그러나 가야산 호랑이가 입적할 당시 "성철 큰스님", "큰스님 탄생"[170] 혹은 "우리 시대의 부처님 성철 큰스님"과 같은 표현들을 계속 사용한 (국내) 언론들이 그를 다소 "신성화(神聖化)"하였다는 사실은, 당초부터 모든 비판을 의논해 봐야 소용없는 것으로 만들어 버림으로써 그의 담화와 담화가 나오는 주관주의 두 가지 모두를 승인(承認)하는 데에 크게 기여했다.

이 부분에서는 퇴옹성철의 교의와 이것이 가르쳐지던 정치적 맥락 사이의 여섯 가지 구조적 공진점을 기술하였다. 이 공진점들 중 어느 하나도 그것만으로는 이 글의 주장을 적절하게 뒷받침할 수 없지만, 이 공진점들이 서로 관련지어져서 놓일 때 각각의 중요성은 기하급수적으로 증폭되어 주목하지 않을 수 없는 일단(一團, constellation)이 된다. 예를 들어, 세 번째 공진점에서 묘사되었던 삿된 무리화하고 적대시하는 기제를 일으키는 기제는 돈·점논쟁의 전(全) 역사에 스며들어 있는 정당화 기법들이다. 이 기제들은 전 세계 정치의 본질적

---

169. 이 글의 각주 41을 참조.
170. 매우 비범한 사람의 탄생에 관하여 말할 때 주로 비유적으로 사용되는 용어.

인 부분으로도 고려될 수 있다.[171]

그럼에도 불구하고 현대 한국의 돈·점논쟁의 맥락과 전반적인 그림에 관련 지어 검토해 보면, 자기 경쟁자에 대해 그른 설명을 하는 이러한 기제는 명명백백하게 중요하며, 나머지 다섯 가지 구조적 공진점에 대해서도 같은 중요성이 언급될 수 있다. 참으로, 대개 여섯 개의 공진점의 본질은 따로따로 고려한다면 이것은 한국의 돈·점논쟁에서 특별하지 않다. 그러나 여섯 개가 모이면, 그 결과로 발생한 일단(一團)을 통해 퇴옹성철의 삶과 돈·돈 가르침의 전반적인 구조가 그 아래에서 자신이 살았고 가르쳤던 독재정권을 많은 점에서 반영하고 있음을 제시한다. 그렇다고 하여 이것이 자타가 인정하는 대선사의 삶과 생각이 독재정권의 그것으로 축소될 수 있음을 뜻하는 것은 결코 아니다.

그럼에도 불구하고 여섯 개의 구조적 공진점이 함께한 결과로 발생한 일단(一團)은 우리가 이 글의 두 번째 부분에서 마지막으로 제기되었던 질문에 대하여 대답할 수 있게 해 준다. "누군가가 성철이 시도했던 것처럼 자신을 국가조직의 정치적 차원으로부터 배제시키는 동시에 그와 다른 국면에서는 어떤 식으로든 접촉하는 이러한 외줄 타기를 유지하는 것이 가능한가 불가능한가?" 앞서 언급했던 모든 증거들의 관점은, 비록 청와대와 백련암 사이의 전용 연락 장치는

---

171. 예를 들어, 뉴트 깅리치(Newt Gingrich)는 이러한 기법들을 완벽하게 터득하여 가르친다.

물론 다른 어떤 특별한 접촉 형식이 없었음에도 불구하고,[172] 가야산의 호랑이가 속한 국가의 도(道, Way of the State)가 역설적으로 성철스님의 산승으로서의 도(山僧道)를 따라 잡았다(caught up with)는 것을 명백하게 드러낸다.

세상의 정복자 그리고 세상의 출가자

퇴옹성철은 20세기 후반기에 한국 불교를 개혁하려는 시도를 하면서 석가모니 부처님의 가르침으로 돌아갈 것을 선언하였고, 간화선 수행을 통하여 중도(中道)에 이르는 돈오돈수론(깨달음에 대한 돈·돈 교의)을 장려했다. 그 결과 그는 보조지눌의 돈·점 접근이 비정통적이라는 판정을 내렸고, 오늘날까지 진행형으로 이어지고 있는 한국돈점논쟁을 일으켰다. 가야산의 호랑이는 이를 통해 자신의 개혁을 석가세존과 육조혜능, 임제의현뿐만 아니라 태고보우와 서산대

---

172. 이 글이 어떤 영향을 받았거나 모방했는지를 추적하려 하지 않은 것은 부분적으로는 명백한 접촉이 없었기 때문이다. 이 원고에서 예증되었던 관점들을 강화하기 위해서 간접적인 접촉에 관한 후속연구가 이뤄질 수 있다. 예를 들어, 1945년 이전에 일본 불교도 사이에 있었던 공산주의에 대한 격렬한 증오 — 그리고 그 불교의 반동적 정치 — 혹은 타이완 계엄령 시기의 "반공산주의" 정치와 타이완 불교계의 협력과 간접적으로 접촉했는지 아닌지에 대해 검증할 수 있다. 성철스님이 일본어를 유창하게 읽을 수 있었기 때문에 책을 통하여 일본 불교와 접촉한 것이 확실하다. Sŏ, Myŏngwŏn(서명원), 2016, "The Philosophy of Sŏn Master T'oeong Sŏngch'ŏl (1912~1993)," *Journal of Korean Religions*, Vol. 7, no. 1 (April) (Seoul: Sogang Institute for the Study of Religion), 93~132. 특히 93쪽, 100쪽, 그리고 121쪽의 각주 32를 참고. 더구나 20대 초반이었을 때 그가 일본에 건너갔을 가능성이 아주 높다. 원택, 2012c, 『성철스님 행장』(서울: 글씨미디어), 27쪽.

사를 포함하는 중한 연결의 직접적 권위 아래 배치했다. 더구나 성철스님은 석가세존과 앞서 언급한 모든 선사들을 자신과 같은 무조건적인 돈·돈 교의의 옹호자라고 주장함으로써, 스스로 자기를 인가한 선사로서 (내로라하는 선사들에게는 있지만 자신에게는 없는 전법의) 정당성을 얻으려고 시도하였다. 이 글이 돈점논쟁이 자리 잡고 있는 넓은 역사적·정치적 맥락 위에 돈점논쟁을 놓은 것은 퇴옹성철이 한국 불교를 완전히 정비하려는 토대로써 왜 다른 전략이 아닌 이 전략을 선택했는지를 더 잘 이해하기 위해서다. 정치와 단호히 가까이하지 않았던 세상의 출가자로서의 퇴옹성철에 관한 평판 때문에 지금까지 이러한 각도로 접근했던 연구는 거의 없었다.

이 논문은 통시적인 관점을 채택함으로써, 석가세존과 초기불교 및 아소카 불교가 모두 통치자와 밀접한 접촉을 취해 왔으며/왔거나(and/or) 전륜성왕 형태의 치세를 즉위시키는 것을 목표로 세워 왔다는 것을 주목한다. 또한 초기불교가 다양한 수행들뿐 아니라 깨달음 과정의 점진적인 성격과 단박의 성격을 모두 힘주어 말했다는 사실을 강조한다. 여기에 중국과 한국에서의 돈점논쟁의 역사를 조사하여 더함으로써, 돈점논쟁이 한 번도 순전히 교의적인 적이 없었으며, 오히려 언제나 사회정치적 발전에 밀접하게 연관되어 있었다는 것을 보여 준다. 실로 모든 경우에서 돈·돈 교의는 통치자의 후원이 있었든지 없었든지 간에 그 전통 안에서 지배권을 획득하기 위해, 즉 누군가의 적을 약화시키거나 심지어는 진압하기 위한 수단으로써 사용돼 왔다. 혹은 이게 아니라면 국가조직 안에서 하나의 종파 혹은 그 불교 전통의 지위를 확고히 하려는 데 사용되어 왔다.

공시적인 관점에서 검토하면, 현대 한국돈점논쟁이 사회정치적 발전과 연관되어 있다는 규칙에서 예외가 아니라는 것에는 의심의 여지가 없어 보인다. 확실히 성철스님은 출세자(出世者)로서 살았으며, 언뜻 보기에 국가의 지지를 얻지 않았음에도 불구하고 그가 이끌었던 개혁은 수백 년에 걸친 탄압을 받았던 불교 및 승려의 사회적 지위와 그에 따른 정치적인 지위도 높이고자 하였고, 돈·점의 패러다임을 사라지게 하여 한국 불교 내에서 자리한 해인사의 위신, 그게 아니라면 한국 불교에 대한 해인사의 지배력을 강화하고자 했다. 그러나 이 글은 이에 덧붙여, 퇴옹성철이 활동한 시공간적 좌표 및 그의 담화의 전체적인 구성과 그가 불교를 개혁할 때 그 개혁이 속해 있던 국가가 나아가던 도(道) 사이의 여섯 가지 구조적 공진점들의 일단(一團)을 가리킨다. 이는 많은 점에서 성철스님의 개혁 정신은 이것이 자리 잡고 있는 정치학·지정학에 입각한 전략적인 조망에 의해 형성되었다는 것을 강력하게 시사한다. 다시 말해서 현대 한국돈점논쟁은 광복되던 시기에 한반도가 둘로 나뉜 것은 물론 냉전 시기에 전 지구적으로 불었던 반공산주의 분위기의 결과인 사회정치적인 긴장을 반영한다. 이러한 맥락에서, 전면적인 핵전쟁이 항상 일어날 수 있는 위험성은 돈점논쟁이 왜 한국에서 이전까지는 전례를 찾아볼 수 없을 정도로 고조되어 왔는지를 설명하는 데 도움이 될 수 있다. 이 시점에서 성철스님이 정치적으로 어디에 서 있었는지 알려 주는 것은 아무것도 없다. 그러나 성철스님이 그 개혁을 석가세존과 중한 연결의 권위 아래 두었던 바로 그때, 그가 드러냈던 불교의 교의와 수행에 대한 전반적인 이해는 자신이 출세자로서 살고 수행했던 국가의 평화와 안전을 보증했던 세상의 정복자들의 세계관에 의해 형성된 것인 듯싶다.

퇴옹성철이 특별히 훌륭한 스님이었음에는 의심의 여지가 없다.[173] 그럼에도 불구하고 그의 유산의 몇 가지 측면은 분명히 논쟁의 여지가 있다. 예를 들어, 역사는 1980년 10월 27일 탄압의 시기와 1987년 민주화 운동이 절정이던 당시 대한조계종의 종정이었던 그의 침묵을 잊지 않을 것이다. 따라서 그에 대한 진정한 이미지를 후대에 전하는 가장 좋은 길은 이러한 측면을 부정하거나 정당화하려고 하는 것보다는 인정하는 것일지도 모른다. 확실히 성철스님은 국가조직과 연결되어 있었지만, 방식에서는 그의 몇몇 지지자들이 미래 세대가 믿어주었으면 하는 그것은 분명히 아니었다. 불교에 대한 그의 해석학, 다시 말해서 20세기 후반기에 불교 전통에 대한 그의 해석은 민주화 이후의 정신이 아닌, 민주화 이전의 정신을 철저히 반영하고 있다. 한국의 민주화 30주년에 즈음한 시점에서 한반도와 한국 불교, 그리고 간화선의 세계적인 포교를 위한 미래를 그려 볼 때, 현대 한국돈점논쟁이 탄생하여 지금까지도 이 논쟁이 반영하고 있는 사회정치적 맥락을 잊지 않는 것이 정말 중요할 수 있다.

---

173. 서명원, 2012a, 「돈오돈수적 견성과 구경각」, 『돈오돈수와 퇴옹성철의 수증론』, 성철스님 탄신 100주년 기념 제6차 학술포럼 자료집, 5월 24일[서울: 한국불교역사문화기념관] (서울: 대한불교조계종 백련불교재단, 불교신문사), 52~53쪽.

참고문헌

논문

김나미. 2011. 「깨달음과 열반의 상관관계」. 『불교평론』 제46호(봄). 인제: 만해사상실천 선양회.

김종인. 2006. 「한국현실에 대한 성철의 대응과 돈오돈수」. 조성택 엮음. 『퇴옹성철의 깨달음과 수행』. 서울: 예문서원.

마성. 2011. 「한국불교 수행법, 무엇이 문제인가?」. 『불교평론』 제48호(가을). 인제: 만해사상실천 선양회).

박성배. 1992. 「성철스님의 돈오점수설 비판에 대하여」. 강건기・김호성 엮음 『깨달음(覺), 돈오점수인가, 돈오돈수인가 — 돈점논쟁의 역사와 현재 — 』. 서울: 민족사.

서명원. 2007b. 「성철스님을 어떻게 이해할 것인가?」. 『무엇이 나의 본래 면목인가? — 성철스님 탄신 100주년 기념 선서 — 본지풍광・설화』. 합천: 장경각.

_____. 2012a. 「돈오돈수적 견성과 구경각」. 『돈오돈수와 퇴옹성철의 수증론』. 성철스님 탄신 100주년 기념 제6차 학술포럼 자료집. 5월 24일[서울: 한국불교역사문화기념관]. 서울: 대한불교조계종 백련불교재단, 불교신문사.

성철 → 퇴옹성철

심재룡. 1999. Korean Buddhism. 서울: 집문당. 212, 233쪽.

원택. 2012b. 『성철스님이 들려준 이야기』 2. 서울: 글씨미디어.

_____. 2012c. 『성철스님 행장』. 서울: 글씨미디어.

임승택. 2012. 「초기불교 경전에 나타난 돈(頓)과 점(漸)」. 『돈점 사상의 역사와 의미』. 성철스님 탄신 100주년 기념 제5차 학술포럼 자료집. 3월 29일[서울: 한국불교역사문화기념관]. 서울: 대한불교조계종 백련불교재단, 동국대학교 불교학술원 종학연구소, 불교신문사.

조현성. 2013. 「'중도'든 '인불'이든 의식개혁에는 공감」. 『불교닷컴』(1월 9일 승인). http://www.bulkyo21.com/news/articleView.html?idxno=20082 (2016년 8월 7일 확인).

종호. 2012. 「중국 선사들의 돈점론과 그 이해」. 『돈점사상의 역사와 의미』. 동국대학교 불교학술원 종학연구소 춘계학술대회/성철스님 탄신 100주년 기념 제5차 학술포럼 자료집. 3월 29일[서울: 한국불교역사문화기념관] (서울: 대한불교조계종 백련불교재단, 동국대학교 불교학술원 종학연구소, 불교신문사.

최봉수. 1992. 「원시불교에서의 오(悟)의 구조」. 강건기·김호성 엮음. 『깨달음, 돈오점수인가, 돈오돈수인가』. 서울: 민족사.

퇴옹성철. 1976. 『한국불교의 법맥』. '성철스님 법어집' 2집 4권. 합천: 장경각.

_____. 1981. 『선문정로』. '성철스님 법어집' 2집 2권 (합천: 장경각).

퇴옹성철 편역. 1993a. 『고경: 조계선종소의어록집』. 합천: 장경각.

한기선. 2012. 「"간화선, 깨달음 병 안 고치면 재가불자도 희망이 없다"」. 『주간불교』(12월 28일). http://www.jubul.co.kr/news/24038(2016년 8월 7일 확인).

현웅. 2009. 『깨달음과 역사』. 서울: 불광출판사.

영문

Donner, Neal. 1987. "Sudden and Gradual Intimately Conjoined: Chih-i's T'ien-t'ai View," in Gregory 1991.

Gomez, Luis O.. 1987. "Purifying Gold. The Metaphor of Effort and Intutition in Buddhist Thought and Practice," in Gregory 1987.

Luca, Nathalie. 2011. "La repression religieuse: un enjeu national? De l'influence des Etats Unis dans la repression au Japon et en Coree du Sud," in Etat, religion 1et repression en Asie. Chine, Coree, Japon et Vietnam (VIIIe-XXIe siecles). Ed. Arnaud Brotons, Yannick Bruneton, and Nathalie Kouame (dir.). Paris : Editions Karthala.

Sŏ, Myŏngwŏn(서명원). 2004. "La vie et l'oeuvre du Maitre Sŏn T'oeong Sŏngch'ŏl 退翁性徹*(1912~1993).*"

_____. 2016. "The Philosophy of Sŏn Master T'oeong Sŏngch'ŏl (1912~1993)." *Journal of Korean Religions.* Vol. 7, no. 1 (April) Seoul: Sogang Institute for the Study of Religion.

온라인

네이버 국어사전

Http://krdic.naver.com/detail.nhn?docid=4400400 (2016년 8월 30일 확인)

방석영의 2016년 6월 28일 자 포스팅

https://www.facebook.com/profile.php?id=100001818040949&fref=pb&hc_location=friends_tab&pnref=friends.all (2016년 8월 11일 확인)

헌법재판소 홈페이지

https://www.ccourt.go.kr/cckhome/kor/ccourt/greeting/greeting.do;jsessionid=EntJuDigbPhav8QMrpQLlt50RoOX1vnODsA2g0Bh18Lhq1ZrQJq48gtuLvOallPC.COWAS-1_servlet_engine10 (2016년 8월 28일 확인)

지상 논평 & 응답

성철이 특별히 훌륭한 출세(出世) 수행자였음은 틀림없지만 국가조직과 확실하게 연결돼 있었으며, 특히 그 방식에는 민주화 이전의 정신이 철저히 반영돼 있음을 6가지 구조적 공진점을 통해 밝히고 있는 서명원 교수(서강대 종교학과)의 글에 대해서는 홍사성 주간(『불교평론』)과 조명제 교수(신라대 역사문화학과) 등이 논평과 질의를 했다.

첫 번째 질의의 요지는 "▲ 성철은 1970~1980년대 한국사회의 폭압적 정치 환경에 대해 침묵한 것은 의도이건 아니건 '반민주 독재'에 동조한 것이라는 비판을 피하기 어렵고, 이 점은 가톨릭의 김수환의 활동과 종종 비교되지만 그 배경과 원인을 성철이 주창한 돈오돈수론과 결부시키는 것은 해석학적 상상력이 지나치다."(이상 홍사성 편집인)는 내용으로 정리할 수 있다.

이에 대해 서명원 교수는 "▲ 저는 성철의 전서를 통해서 발견할 수 있는 인식의 틀로 미루어 군부독재의 도(道)와 성철의 도가 유사하다는 것을 지적하고 있으며, 성철은 지나칠 정도의 돈오돈수적인 절대주의에 치우쳐 있었기 때문에 사상적 모순에 빠져 있었고 끝까지 그 모순을 극복하지 못했음을 지눌에 대한 부정을 통해 강조했고, 독재정권과 김수환 스테파노 추기경 사이도 6가지 구조적 공진점[174]을 연결시켜 말씀드릴 수 있다."고 답변했다.

---

174. 6가지 구조적 공진점의 첫 번째를 보면 박정희가 갑작스러운 쿠데타를 통해 정권을 장악하듯 성철도 1967년에 갑작스레 나타났고, 박정희가 철권정치로 나라의 미래를 결정했듯이 성철도 석가세존 사상의 핵심이 중도사상이라고 주장하는 백일법문을 통해 한국 불교의 미래를 결정했다고 인정해야 할 수 있지만, 김 스테파노가 박정희가 정권을 장악할 무렵 일본 제국주의와 맞물리는 근대 일본 불교학으로부터 지대한 영향을 받은 성철의 백일법문 같은 큰 연설을 하면서 '이제부터 한국 가톨릭교회가 가야 할 길이 뭔지 가르쳐주겠다.'는 이야기를 한 적이 있는가? 그리고 성철이 지눌을 뭉갰듯이 옛 추기경이나 주교를 한 분 꼬집어 그분의 말씀이 엉터리라고 한 적이 있는가? 그리고 교황 요한 바오로 2세나 마더 데레사 수녀가 깨달았는지 안 깨달았는지 법거량을 하고, 깨달은 사람이 아니라고 비판하는 이야기를 한 적이 있는가?
 두 번째, 박정희와 성철은 각각 대통령과 깨달은 자로서 스스로 임명되었는데 김 스테파노가 자기를 깨달은 사람으로 인정해 줄 만한 사람이 한 명도 없다면서 한반도에서 자신 만큼 깨달은 성인이 있다고 말한 걸 찾아낸다면 꼭 알려주길 바란다.
 세 번째, 박정희는 투표로 선정된 대통령이 아니어서 그 타당성을 얻기 위해서 북한과의 대립관계 외에 나라의 발전, 나라의 경제적 성장을 엄청나게 강조했고, 성철은 계속 나는 옳다, 돈오돈수가 역대 조사들의 사상이며 자신은 과거의 고경을 따라가는 선사일 뿐임을 입증하기 위해 여러 출판물을 출간하기 위해 노력했다. 그런데 김 스테파노가 자신이 옳다고 주장하면서 역대 추기경이나 주교들의 말씀과 자기가 가르치는 것이 똑같다고 이야기하기 위해 성철처럼 아낌없이 노력했는가?
 네 번째, 박정희와 전두환의 특징은 빨갱이들과 상당한 대립관계를 일으킨 것이고 마찬가지로 성철은 지눌과 대립관계를 일으켰는데, 김 스테파노가 누군가를 꾸준히 적대시하고 평생토록 삿된 무리화했을까? 성철처럼 어떤 공격 대상을 만들었다면 알려주길 바란다.
 다섯 번째, 성철이 활동하신 시공적 좌표와 독재정권의 시공적 좌표가 유사하다는 점인데, 성철은 다른 어떤 곳보다 경상도 선방에서 수행했고, 박정희가 정권을 장악한 지 얼마 되지 않아 성철이 등장했고, 나라가 민주주의에로 넘어갔을 때 성철은 스승으로서의 의무를 중지했다. 그런데 김 스테파노가 활동한 시대와 독재정권의 시대가 성철처럼 엄밀하게 겹치는지 좀 알아보시길 바란다.
 여섯 번째, 1979년의 부마항쟁 때 박정희가 국민이 새로운 것을 필요로 한다는 것을 이해하지 못했듯이, 88서울올림픽 개최를 앞두고 있을 때 전두환은 한국 사회가 군부독재가 아닌 민주주의를 원한다는 사실을 이해하지 못했다는 점이다. 성철은 우리나라에 일본 근대불교에서 수입한 중도사상과 초월적 절대주의의 간화선 외에 새로운 불교가 필요하다는 점을 인식하지 못하고 놓친 것 같다. 그리고 성철은 돈오돈수적 사상 때문에 상대성과 방편을 쉽게 인정하지 못하였고 한국 불교는 이로 인해 바벨탑 안에 갇히게 되었다. 김 스테파노도 박정희나 전두환이나 성철처럼 큰 시대 징표를 완전히 놓쳤는지 좀 알아보시라고 말씀드리고 싶다.

두 번째 질의의 요지는 "▲ 이 글은 국가권력을 중심으로 논의하고 있기 때문에 불교를 주체로 두고 현실의 국가권력과 어떠한 관계를 추구했는지, 더 확대한다면 불교의 사회관이 무엇인지 근본적인 질문을 해볼 필요가 있으며, ▲ 성철과 국가체제의 필연적 연관을 논증하기 위해 붓다로부터 아소카 시대의 국가체제와 불교 사이의 밀접한 과계 등에 관한 설명은 통시적으로 이해 가능한 사례인지, 역사적 배경과 사상사적 맥락을 고려하지 않은 채 일방적으로 규정하는 것이 가능한지에 관해 지적하고자 하고, ▲ 중국 송대(宋代)의 묵조선과 조동종의 위상은 실제보다 과도하게 평가된 것으로 보이는데 이는 균형 잡힌 해석이 아니며, ▲ 서명원 본인은 통시적인 관점에서 일관되게 불교와 국가권력의 관계를 말하는데 그렇게 하면 국가권력 쪽만의 이야기를 할 수 있기 때문에 불교 입장에서는 '왜 그랬을까?' 하는 면에서는 설명되지 않으므로 그렇게 해석할 수 없음을 지적한다."(이상 조명제 교수)는 것으로 정리할 수 있다.

이에 대해 서명원 교수는 "▲ 이 글은 한 국가와 불교의 관계를 규정하려고 하는 것이 전혀 아니며, 불교가 사회를 등지고, 카스트 같은 신분계급제 또한 등지고, 새로운 질서인 승가를 이루려 하지만 등진 사회로부터의 지원을 계속 받아 왔다는 사실로써 석가세존은 비두다바가 당신의 고국을 치려고 할 때 '나는 나의 조국이 어떻게 돼도 상관없다, 사람들이 죽어도 되고, 간화선을 하는 나는 돈오돈수적으로 산다.'라고 이야기하지 않았으며 이것이 정치적인 활동이 아니고 무엇인지를 지적하려 했다고 밝히면서, 이를테면 1972년에 박정희가 비상계엄을 선포하여 유신 유법을 통과시켰다면 1976년에 대한불교조계종의 서옹(西翁, 1912~2003) 종정이 한국 불교 중흥을 위한 유신선언을 발표했고, 1980년

10·27 법난 때에는 중앙정보부장 출신의 국회의원 이후락이 대한불교조계종의 신도회장을 맡고 있었으며, 민주화운동이 한창이던 1987년에 백련불교문화재단이라는 장학재단을 설립한 이래 『돈황본 육조단경』(1988), 『백일법문』(1992)가 출간한 것 등을 들 수 있으며, ▲ 동남아시아 불교에 관한 내용은 탐비아의 연구결과로, 탐비아에 따르면 아소카는 불자가 아니었음에도 동남아시아 불교에서는 그를 여전히 이상적인 전륜성왕으로 삼고 있으며 계속 전륜성왕이 다스리는 이상적인 불교국가를 만들려 하고 있고, ▲ 중국 불교에 관한 내용은 돈점논쟁은 순수한 진리에 대한 논쟁만은 아니어서 그 뒤에는 늘 정치적인 배경이 있었고 경제적인 요소와 철학적인 논의도 들어 있었음을 드러내면서 한국 불교의 돈점논쟁만 그렇지 않았다고 이야기할 수 있을지를 지적하는 것이며, ▲ 질의에 부응하고자 말씀드린다면, 태생적으로 대한불교조계종은 이승만 정권 시대에 있었던 불교정화운동의 과정이자 결과물로 출범한 종파로서 대처 측의 한국불교태고종과의 전쟁을 불사하는 법정 소송을 겪을 당시 박정희가 의장으로 있던 국가재건최고회의의 개입 덕분에 정화운동이 시작될 때 4퍼센트에 불과했던 비구 측이 패권을 가져올 수 있었던 것부터, 세속을 떠나 오로지 수행만 추구하는 삶을 이루고자 했을지도 모를 성철 같은 고승도 해인총림의 방장과 대한불교조계종의 종정으로 재임(1967~1993)하는 동안 대부분의 시간을 불교재산관리법(1967~1987) 아래 살 수밖에 없었던 것을 지적할 수 있지 않을까 싶다."고 답변했다.

이 밖에 진관스님이 "▲ 침묵하신 성철을 호랑이라고 해서 깜짝 놀랐는데, 제가 민주화운동을 하면서 성철 종정께 '우리를 위해서가 아니라 죽어가는 사람들을 위해서 한 구절만 써 달라.'고 사정했는데도 안 써 준 침묵을 금(金)이라고 할 수 있을지 의문이므로, 호랑이라는 비유를 취소하기를 바란다."는 이견을 제기했다.

이에 대해 서명원 교수는 "▲ 취소하겠다."고 답변했다.

2016년에 개최된 학술대회 당시의 전체 논평과 답변 내용은 서강대학교 종교연구소 누리집에서 다운로드해 보실 수 있습니다.
http://isr.sogang.ac.kr/

찾아보기

ㄱ

가야산의 호랑이 147
가토 도쯔도 66
간화결의론 20
간화선 15, 59, 75, 159, 178
간화선과 묵조사선의 차이 160
간화선 수행 20, 40, 136, 191
간화선의 정통성 67
간화선의 정통적 전통 174
간화선 절대주의 167, 172, 187
간화선 패러다임 161
개신교 35
개신교 신자 104
견성 38
결사운동 122
경절문 20, 171
계단 115

고불총림 102
공명점 142
공안 73
공주규약 94
공진점 142
광지정각 160
교외별전 159
교판상석 166
교학원파 126
구경각 17, 25, 26, 37, 41
구조적 공진점 167, 170, 193, 200
국가권력 201
국가와 불교의 관계 201
국가의 도 141, 170
국가재건최고회의 119
국가조직 139, 140
국가조직(galactic polity) 154, 184
궁극적인 진리 176
귀축영미 63
규봉종밀 138
근대불교 53

근대불교학의 흐름 69

근본무명 17

기멜로(Gimello) 160

기황후 164

김법린 54

김수환 스테파노 추기경 200

김천진성 40

깨달음 13, 75

깨달음 병 172

깨달음의 종교 69

깨달음 지상주의 69, 76

ㄴ

나가이 마코토 58

나옹혜근 163

나카무라 하지메 55

남돈북점설 71

남종선 정통설 71

냉전시대 독재정권의 반공산주의 176

노혁 158

누카리야 카이텐 55

ㄷ

다니쿠치 마사하루 55

다른 실천 25

다카다 도겐 66

다카쿠스 쥰지로 57

백련암 단청 143

담화 구조 189

대승비불설 60, 61, 84

대승비불설 논쟁 69

대승사 95

대처승 121

대통신수 157

대한불교조계종 13, 77, 101, 125, 130, 201

대한불교조계종의 종조 126

대혜의 간화선 162

대혜종고 138, 159

돈·돈 가르침 177, 190

돈돈 교의 177, 192

돈돈 접근 138, 175, 180

돈돈 패러다임 172, 179

돈오돈수 15, 16, 25, 37, 41, 46, 48, 170

돈오돈수론 191

돈오돈수의 간화선 44

돈오돈수의 경계 85

돈오점수 18, 42, 48, 71, 137

돈의 수사법 186, 187

돈점논쟁 167, 175, 192

돈점논쟁과 국가조직의 관계 140

돈점 접근 170

돈점 패러다임 172, 179

동정일여 24, 41, 46

목우자 137

몽중일여 24, 41, 46

무라카미 센쇼 60

무사선 74

무심 18

문자선 73, 75, 159

미야모토 쇼손 53, 62, 83

미야모토의 중도설 69

미즈노 고겐 58

민주주의 장사 146

밀교 68

ㄹ

레버링(Levering) 161

료칸 55

ㅁ

마조도일 73

만공스님 180

만암스님 101, 111, 131

맥래(McRae) 158

목암찬영 164

ㅂ

박경훈 31

박 대통령의 유신체제 180

박정희 대통령 91, 144

박정희의 쿠데타 174

밧지 부족의 방식(Vajjian style) 154

방편(의 길) 39, 43, 46

백련암 14, 48, 55, 143, 147

백용성 100, 126

백운경한 163
백일법문 13, 84, 137, 170
백파긍선 166
버스웰 159
법집별행록절요병입사기 162
법통설 166
변희욱 161
보조국사 지눌 16, 26, 34, 46, 101, 102, 103, 126, 141
보타락가산 36
봉암사결사 13, 91, 93, 95, 122, 130
부마민중항쟁 182
부처님 법대로 살자 94, 136
분양선소 74
불공 31, 42
불교계의 내분 105
불교계의 법정 싸움 113
불교법난(10·27) 124
불교쇄신 운동 130
불교실천 42
불교와 국가 사이의 연계 153

불교와 국가조직 156
불교재산관리법 121, 202
불교정화 30년 계획 114
불교정화운동 14, 90, 105, 108, 116, 121, 126, 130, 132, 202
불교정화유시 95, 107, 126
불립문자 159
붓다의 권력과 영역(buddhanacacca) 153
비구·대처 분쟁 89, 130
비구승단 103
비두다바(Vidudabha) 152
비타협적인 담화 187

ㅅ

사리 168
사상적 계승(166
산승 186
산승으로서의 도 191
삼관 178
삼단수행 178

삼분단수행 178
삼천(3000) 배 144
삿된 무리화(demonizing) 174
새로운 불공 31
서산대사 165
서옹 201
서의현의 집행부 182
석가모니 붓다(석가세존) 151, 156, 192
석가세존의 가르침 172
석가족(Shakas) 152
선교일치 163
선배후배 관계 166
선 수행법의 도달점 75
선학원 111
선학원 계통의 선승 89, 96, 100, 103
선학원파 126
설두중현 74
설법 32
성전암 144
성철 53, 93
성철불교 46

성철 불교관의 한계 76
성철사상 48
성철의 정신(mentality of ad fontes) 175
성철의 침묵 186
성철의 도 141, 169
성철의 독서 이력 55
성철의 불교관 65, 69, 83, 84
성철의 선불교 이해 72
성철의 선종사 인식 70
성철의 중도관 59, 67
성철의 중도설 53, 64, 83
성철의 지눌 비판 48
세이초노이에 55
소위 티베트 결집(the so-called council of Tibet) 156
송만암 97
수행덕 43
수행법 39, 46
숙면일여 24, 41, 46
숭산보적 158
스즈키 다이세쯔 55, 70

승가공동체 151, 154, 155, 165, 166, 177, 184
승풍 회복 95
시마찌 모쿠라이 66
시주물 14
신불교운동 66
신비궁 사건 162
신심 36, 42, 47
신유학자 165
신회 71, 176

ㅇ

아소카 왕 141, 153, 156
아소카 마우리야 153
아소카 시대의 불교 151
야나기다 세이잔 70
야마모토 카이류 58
양기파 163
억불숭유정책 165
역설의 화신 168
열반송 146

예수교 35
예수교인 32
오우치 세이란 65
오후수행불행 138
와타나베 가이쿄큐 57
왕실의 권력과 영역(rajanacacca) 153
왜색불교 123
우왕 164
우이 하쿠쥬 55, 62
운허스님 100
원소 13
원수 34
원시불교 연구 58
원오극근 74, 159
원효 149
월산 93
육조의 권위 179
육조혜능 157
윤회 56~57
은둔 123
이노우에 세이쿄 66

이덕명 143
이리야 요시타카 70
이선근 111
이승만 대통령 97, 104, 202
이승만 대통령의 유시 96
이영주 92, 147
이타행 46, 47, 85
인적 계승 166
일본 근대불교학 60, 83
일본 신종교 55
일본의 근대불교 54, 77
임제종 158, 160, 176
임제종 양기파 159

ㅈ

자비 32
자성 17
자운스님 93
자임 173
전간문 175
전국승려대회 105, 110

전륜성왕 154, 155, 192
전수문 175
절 수행 148
절요 19
점수 138
조계종조 100, 103
조동종 161
종교개혁 14
종교다원주의 35
종정 135
종헌 선포문 98
중도사상 59, 83, 136, 191
중도설 62, 63, 64
중한 연결(Sino-Korean Connection) 163
증오 138
지눌 47, 90, 137, 162
지눌의 권위 163
지눌의 도 171
지눌 추종자 181
지의 178

지해종도 72, 131, 138, 159

지환 40

직지인심 159

진각혜심 163

ㅊ

참선 25, 26, 38, 41, 46

참선수행 43

천제굴 144

천태종 158

철의 중도관 64

청담 93

청량징관 175

청허휴정 165

체험의 수사법 187

초기불교 192

초기불교와 국가조직의 연관성 152

최원섭 67

추사 김정희 167

침묵 95, 126, 183, 194, 202

ㅋ

쿠데타 181

ㅌ

탐비아(Tambiah) 152

태고보우 91, 102, 103, 126, 138, 163

태고사 103, 111

통불교 담론 65, 67, 84

통합종단 110, 120

퇴옹성철 13, 89, 135, 150, 194

퇴옹성철과 봉암사결사 185

퇴옹성철의 교의 189

퇴옹성철의 깨달음 173

퇴옹성철의 삶 190

퇴옹성철의 생애와 전서 135

ㅍ

파계사 성전암 105, 122, 123, 126

팔리어 불전 57, 58

평상무사 73

포르(Faure) 156

폴리티 140

폴 바츨라비크 168

플라톤 176

환부역조설 101

환암혼수 164

환원론 67

효봉스님 131

후스 70

히라카와 아키라 55

ㅎ

하동산 126

하쿠인 55

하택신회 138, 157

한국불교태고종 121

한국 승가공동체 185

한용운 100

해오 19, 138

해인총림 초대방장 13

향곡 93

현대 한국사의 중대한 전환기 183

현대 한국의 점진주의자들 179

화두 15, 27, 28, 38, 41, 162

화엄종 158

산은 산 물은 물 - 성철불교에 대한 검토

초판 1쇄 인쇄 | 2019년 1월 23일
초판 1쇄 발행 | 2019년 2월 28일

엮 은 이 | 서명원(Bernard SENÉCAL)
발 행 인 | 이상춘
발 행 처 | 광일문화사

주 소 | 서울특별시 강남구 학동로 323(한미빌딩)
전 화 | (02) 517-5555
팩 스 | (02) 545-5786

ISBN 978-89-86752-68-7 93220

값 14,000원

ⓒ 서명원(Bernard SENÉCAL), 2019 Printed in Korea

* 잘못된 책은 구입하신 곳에서 바꿔드립니다.
* 이 책의 판권은 지은이와 광일문화사에 있습니다.
  양측 서면 동의 없는 무단 전재 및 복제를 금합니다.